AF318790

# LES BIVOUACS

## DE

## VERA-CRUZ A MEXICO

### 1865

ABBEVILLE — IMPRIMERIE DE P. BRIEZ

# LES BIVOUACS

# DE VERA-CRUZ

A

## MEXICO

PAR

## UN ZOUAVE

AVEC UNE CARTE SPÉCIALE DE L'EXPÉDITION DRESSÉE SUR PLAN PAR L'AUTEUR

PRÉFACE PAR AURÉLIEN SCHOLL

PARIS ET LEIPSICK

JUNG TREUTTEL, LIBRAIRE

19, RUE DE LILLE, A PARIS

1865

# PRÉFACE

—

C'était chez l'auteur des Cascades de Mouchy, *Philippe de Massa,* un officier des guides, retour d'Italie, un poète, retour du succès. Le décor représentait un salon comme il n'y en a pas beaucoup à Paris : Piano et carabine à droite, bibliothèque et panoplie à gauche; au fond, un képi et les nuits d'Espagne, une épée et le Père Goriot.

*Un visiteur survint.*

L'œil vif et franc, le front rigide, le nez ciselé, la moustache orgueilleuse.

C'était un chef d'escadron au premier régiment de hussards, un bon et un brave, le marquis de Galliffet.

C'est à peine s'il venait de quitter ses béquilles, après avoir laissé au Mexique la moitié de sa peau, et aucun vestige ne trahissait en lui le coup terrible auquel il

1.

échappait à peine. L'énergie et la gaieté avaient dompté la mort, la jeunesse l'avait mise en fuite.

M. de Galliffet tenait un volume sous son bras, un volume singulier avec titres gothiques faits à la main : Au-dessous du titre, un mot : PUEBLA ; au-dessous du mot, une date : 1864.

— Je suis chargé, nous dit le chef d'escadron, de faire publier ce volume ; et ce n'est point, paraît-il, une petite affaire. L'auteur est inconnu, et, d'ailleurs, serait-il célèbre, que sa position d'officier lui interdirait de signer son ouvrage. Vous devriez m'aider à le placer ?

— Volontiers, marquis.

— Et augmenter le livre d'une préface !

— Les titres que je pourrais invoquer pour m'autoriser à présenter un livre au lecteur sont bien modestes...

— Nous les acceptons tels qu'ils sont !

— Alors, c'est convenu.

Et c'est ainsi que le manuscrit quitta le bras de M. de Galliffet pour prendre place sous le mien.

— Mais ce n'est pas tout ! ajouta-t-il.

— Qu'y a-t-il encore ?

— L'auteur en demande un succès

— Il a raison de le demander, mais le public seul peut le lui donner. Voulez-vous vous en fier à lui ?

— Il n'y a pas de moyen de faire autrement ?

— *Aucun.*

— *Alors, va pour le succès !*

*Le soir même, la Librairie centrale envoyait le volume à l'impression.*

*Une fanfare, un roulement de tambour, un coup de canon seraient la véritable préface de ce livre.*

*Le manuscrit est arrivé de Mexico le jour où l'empereur Maximilien y entrait ; et voici un officier, un soldat qui raconte de sa tente, écrivant sur un sac renversé, les jours qui ont précédé celui de l'avènement, et comment le drapeau français a déblayé la route à l'archiduc Maximilien.*

*Ce récit, nous aurions pu le passer au laminoir de la correction parisienne ; nous aurions pu prendre chaque phrase et lui mettre des papillottes, mais fallait-il toucher à cette sincérité, à cette conviction de l'auteur et du témoin ?*

*Nous avons pensé autrement.*

*Dans son remarquable ouvrage sur le Mexique, M. Michel Chevalier s'exprime ainsi :*

*« Le succès définitif et complet de l'expédition française au Mexique, je veux dire l'affermissement de l'ordre politique et social dans ce malheureux pays, est subordonné à des causes qui sont indépendantes de la bonne volonté de la France et au-delà des limites de sa puissance, quelque grande qu'on la suppose. Parmi*

ces causes, les plus profondes sont inhérentes à la situation actuelle de la religion catholique, et à l'attitude de la hiérarchie de l'Eglise romaine, par rapport aux bases mêmes de la civilisation moderne... »

M. Michel Chevalier parle autre part des difficultés militaires de l'expédition :

« Il y a lieu de prévoir, dit-il, dans l'entreprise de la France sur le Mexique, deux sortes de difficultés : les difficultés militaires pour l'occupation et la conservation temporaires des principaux points du pays, et les difficultés politiques, celles que soulève partout la présence de troupes étrangères, leur appel à la formation d'un gouvernement nouveau et leur concours pour le soutenir.

« Un Français peut le dire sans s'exposer ici à ce qu'on l'accuse d'être aveuglé par son patriotisme : les opérations militaires en elles-mêmes sont d'un succès certain. La qualité des troupes françaises, la supériorité de leur armement, leur bonne organisation administrative, leur discipline, le talent et l'expérience des chefs semblent ne permettre aucun doute sur l'issue des combats qui s'engageront, jusques à la fin de la campagne. L'armée française traversera toutes les passes périlleuses, comme les Américains du Nord les ont franchies. Après avoir pris Puebla et Mexico aussi bien que les intrépides soldats que conduisaient Taylor et *W. Scott*, elle s'emparera de *Guanaxuato*, d'*Acapulco*, d'*Oanaca*, de *Morelia* [1], et même de *Guadalaxara* et de *Durango*, en supposant qu'il faille poursuivre jusque-là le gouvernement de Juarez, obstiné à ne pas traiter. Le succès militaire, ici, est avant tout une affaire de dépenses, et le gouvernement impérial, quelque déplaisant qu'il soit pour lui de compromettre l'équilibre du budget, est bien déterminé à ne pas épargner l'argent pour terminer à l'avantage de la France une entreprise où l'honneur de ses armes est engagé.

« Un des grands embarras pour une armée qui envahit un pays vaste, à population clair-semée, tel que le Mexique, est d'assurer ses subsistances. Des États qui sont dans ces conditions se défendent contre un envahisseur par les désavantages mêmes de leur manière d'être. Ils opposent à l'ennemi la longueur des distances l'inculture et même la dévastation de leur territoire. Ils cherchent à l'affamer en détruisant autant que possible les récoltes qui sont éparses sur sa route, en brûlant les villages et en brisant les meules des moulins. Ils l'obligent ainsi à des charrois infinis qui coûtent des sommes énormes. Des difficultés de ce genre ont arrêté nos pas et ajourné le mouvement en avant, plus que ne l'aurait voulu l'impatience du public, qui ne

---

[1] *C'est le nom donné à l'ancienne ville de Valladolid, en l'honneur de Morelos.*

raisonne pas toujours. Le général en chef eût agi avec légèreté s'il ne se fût assuré des vivres et des moyens de transport. Mais du moment que l'armée française est maîtresse de Puebla et de Mexico, elle a des vivres à discrétion, parce qu'elle est dans une région fertile, où les aliments s'offrent en abondance. A l'exception de la boisson, ce sont les mêmes à peu près que nos soldats consomment en France : du pain de froment, du maïs, de très-bons haricots, de la viande de bœuf et de mouton.

« Le plus dangereux adversaire que nos vaillants soldats eussent à trouver sur leur chemin est la fièvre jaune. Mais si cette maladie est formidable, elle cesse du moins de sévir à une faible distance du rivage. Pour combattre ce fléau, le gouvernement français s'est décidé à employer simultanément deux moyens, ayant chacun son efficacité propre. L'un est la construction d'un chemin de fer sur lequel les troupes, aussitôt débarquées à la Vera-Cruz, franchiraient en quelques heures la zone infectée et seraient transportées à Orizaba, où elles respireraient un air parfaitement pur. L'autre est l'emploi de soldats noirs pour occuper Vera-Cruz et sa citadelle, le château de Saint-Jean d'Ulua. On les tirerait de nos colonies du voisinage, la Martinique et la Guadeloupe, et on les emprunterait au vice-roi d'Egypte, pour qui ce serait un honneur de mêler ses troupes à celles de la France. Il est connu que la race noire a le privilége de braver impunément les miasmes, de même que les rayons ardents du soleil des régions équinoxales. Souvent la vieille Espagne avait formé le dessein de composer de régiments noirs la garnison de la Vera-Cruz. Mais avec les ressorts rouillés de ce gouvernement, tout mouvement vers le bien était difficile, et cette humaine pensée ne fut jamais mise à exécution.

« Le chemin de fer de Vera-Cruz à Orizaba rendrait à l'expédition un autre service, celui d'assurer ses communications avec la Vera-Cruz, d'où viendraient nécessairement les renforts, les munitions, le matériel, et par où arrivera même une partie des approvisionnements, tout ce qu'on ne pourra pas tirer du pays même. L'économie que, grâce au chemin de fer, on réaliserait sur les frais de transport, aurait bientôt couvert les frais de la construction. D'ailleurs, pour une armée, la rapidité et la sûreté des communications et la facilité de se mettre en rapport avec sa base d'opération sont des avantages d'un prix inestimable.

« Si l'occupation s'y prolonge, il est une autre œuvre que nous aurions lieu d'entreprendre, l'assainissement de la Vera-Cruz. La violence sans pareille avec laquelle s'y montre le vomito, et qui, pour l'Européen et pour l'homme même du plateau mexicain, fait de cette ville un séjour fort dangereux, tient à des causes qui paraissent suffisamment connues, et qui, dès le temps de la domination espagnole, avaient été l'objet d'études assez approfondies. C'est avant tout l'existence autour de la ville d'une ceinture marécageuse, où, pendant la saison chaude, beaucoup de matières végétales, et même animales, entrent en putréfaction ; c'est ensuite la mauvaise qualité des eaux qui y servent aux usages domestiques.

» Les marécages qui enceignent la ville de la Vera-Cruz, particulièrement à l'est et au sud, ne sont pas étendus ; le long du littoral, des dunes (mejanos), semblables à celles que nous connaissons en Europe, spécialement en France dans les départements de la Gironde et des Landes, composées de même d'un sable fin que déplace la violence extrême des vents du nord, interceptent le cours des ruisseaux et en rendent les eaux stagnantes. Probablement il ne sera pas impossible de fixer ces dunes par des procédés semblables à ceux que Brémontier a introduits chez nous avec un si grand succès, et qui ont créé, sur le littoral de nos départements du golfe de la Gascogne, une richesse utilisée aujourd'hui par l'administration des forêts. En fixant ces dunes et en les recouvrant de végétation, on abaisserait la température excessive des environs de la Vera-Cruz ; et cet excès de chaleur n'est pas étranger à l'âpreté du vomito. C'est un fait d'observation que, plus la température de

la saison est élevée, plus la maladie fait de victimes.
Il serait encore plus praticable, au moyen de quelques
travaux exécutés une fois pour toutes et avec un entretien permanent, de restituer aux eaux des ruisseaux,
barrées aujourd'hui par les mejanos, leur courant vers
la mer, ce qui mettrait fin à l'existence même des marécages. L'espace que recouvrent ceux-ci étant fort res-
serré, l'entreprise de les dessécher ne saurait être con-
sidérée comme fort ardue. Pour nos officiers du génie
et d'état-major, relever la topographie du terrain, dresser des plans et les mettre à exécution ne serait qu'un
de ces labeurs pour lesquels leur activité, leur savoir et
leur patriotisme sont toujours prêts. La saison douée
d'une salubrité relative est assez longue, chaque année,
pour que les opérations préparatoires sur le terrain et
l'accomplissement même des travaux dussent ne prendre
qu'un très-petit nombre de campagnes, bien moins que
nous n'avons à en passer au Mexique si nous n'aban-
donnons pas le dessein d'y constituer un gouvernement
stable.

» La qualité de l'eau qu'on boit communément à la
Vera-Cruz est fort mauvaise, parce qu'elle est viciée
par le mélange de celle des marais. Les personnes
riches ont, dans leurs maisons mêmes, des citernes où
se ramasse, pendant la saison des pluies, une partie de
l'eau qui, sur le versant oriental du continent améri-

cain, entre les tropiques, tombe en grande quantité. L'eau des citernes est meilleure que celle des ruisseaux; mais il faut que les citernes soient bien maçonnées et bien entretenues, ce qui ne paraît pas être toujours le cas à la Vera-Cruz. La garnison du château de Saint-Jean d'Ulua jouit du bienfait de magnifiques citernes parfaitement construites, qui sont situées dans l'enceinte du fort, et dont l'eau, jadis, ne laissait rien à désirer. Il y a longtemps que la nécessité d'abreuver la population de la Vera-Cruz avec une eau pure a été signalée et reconnue. Depuis le temps de Philippe V, on a fait des plans et commencé des travaux fort mal conçus, il est vrai, afin de conduire à la ville des eaux irréprochables. On a dépensé des sommes considérables de la manière la plus stérile. Les visites d'experts et les frais judiciaires, car tout dégénérait en procès sous la domination espagnole, avaient absorbé, à la fin du dix-huitième siècle, près de deux millions et demi de francs. Le trésor royal percevait, sous le prétexte de ces eaux à fournir à la ville, un droit spécial sur les farines, d'un produit de 150,000 francs par an, et l'œuvre n'avançait pas davantage. On avait cependant constaté, il y a soixante ans, que, pour approvisionner la ville avec la rivière de Xamapa, il n'en coûterait que cinq à six millions de francs, et même qu'on pourrait avoir dix spacieuses citernes, suffisantes pour la population, quoiqu'elle fût alors bien plus nombreuse qu'aujourd'hui, avec la modique dépense de 700,000 francs.

» Les grands peuples savent, même au milieu des horreurs et des dévastations que la guerre entraîne, donner des témoignages de leur supériorité dans les arts utiles et montrer la fécondité de leur puissance. Pendant leurs immortelles campagnes, les Romains bâtissaient des camps retranchés dont les vestiges subsistent encore et frappent d'admiration les peuples ; ils traçaient des voies qui ont gardé leur nom et en perpétuent la gloire ; ils jetaient sur les fleuves, là même où ils étaient le plus rapides ou le plus majestueux, des ponts dont on peut voir çà et là des piles encore debout, sur le bas Danube, par exemple. Je voudrais, pour ma patrie, que son drapeau laissât au Mexique de pareilles traces de son passage, par le moyen des ouvrages que je viens d'indiquer ou d'autres du même genre. Notre propre intérêt nous le conseille ; car quel plus grand souci la France, qui éprouve pour son armée un si légitime sentiment d'affection, peut-elle avoir, que d'empêcher les ravages de la fièvre jaune de s'ajouter aux hasards d'une guerre lointaine ? »

Ces quelques lignes, extraites de l'ouvrage considérable d'un écrivain aussi compétent, d'un économiste aussi prévoyant que M. Michel Chevalier, donneraient lieu à des inquiétudes sérieuses, si l'on ne connaissait le caractère et l'intelligence de l'empereur Maximilien.

Dans les rues de Milan, quand l'archiduc traversait une émeute, les cris se taisaient sur son passage; la foule avait senti un maître.

Un trône élevé par la France et offert par la volonté des Mexicains n'est plus à la merci de quelques prononciamentos.

Quoique l'avenir doive décider, le lecteur n'en suivra pas moins avec intérêt les épisodes de cette campagne lointaine où l'on a fait la guerre jusque dans la cour des maisons.

La France, où tant de mauvaises passions se déchaînent sous prétexte d'enseignement, de philosophie ou de littérature, la France sera toujours sauvegardée par le chauvinisme.

Le patriotisme est à toutes les nations, le chauvinisme est à nous seuls.

Chez nous, le tambour et le clairon couvrent tous les tumultes et rallient toutes les opinions.

L'esprit militaire nous conservera grands et forts.

Et si jamais ce malheur arrivait que les orgueilleux et les fous qui sapent la religion par une désastreuse éloquence, vissent s'écrouler le dernier autel sur la terre de Clovis, une chose resterait debout qui nous sauverait : le drapeau.

AURÉLIEN SCHOLL.

# AVANT-PROPOS

—

Qùelle que soit la diversité des opinions sur les causes qui ont fait naître la guerre avec le Mexique, il n'est personne en France qui ne s'intéresse vivement aux expéditions de nos troupes dans le Nouveau-Monde.

Sous un climat meurtrier, dans des contrées privées de routes, ravagées par l'ennemi, l'armée a dû pourvoir à tout. L'élévation de la température, dans ces régions intertropicales, rend les marches militaires fort pénibles, surtout lorsque n'ayant pas à compter sur les ressources du pays, on traîne avec soi d'immenses convois de vivres et de munitions.

Dans cette guerre nouvelle pour l'armée française, le moral de nos soldats a joué le plus grand rôle, il ne s'est pas démenti un instant; chacun a

2.

donné des preuves de la plus constante résignation et d'une rare énergie.

Ces récits, que nous publions au moment où les opérations militaires semblent terminées à la plus grande satisfaction de nos armes, sont écrits par une main moins habile à manier la plume que le mousquet, mais ils sont d'une rigoureuse exactitude. Les lecteurs qui appartiennent au corps expéditionnaire reconnaîtront combien sont véridiques les divers détails que contient ce petit livre écrit par un soldat courant de bivouac en bivouac.

Nous avons pu suivre comme acteur les diverses phases du siége de Puebla et recueillir sur les lieux les renseignements propres à faire l'historique de ce siége qui a tant ému l'Europe pendant deux mois.

La reproduction de quelques fragments des rapports officiels a été indispensable à ce qui a trait aux opérations militaires et aux brillants faits d'armes qui se sont produits, et la publication de certains ordres généraux adressés à l'armée, par le général en chef, nous a permis de faire connaître, sans blesser leur modestie, les noms des heureux qui ont trouvé dans cette guerre une nouvelle occasion de se signaler par leur courage.

*Mexico, le 1ᵉʳ août.*

*UN ZOUAVE du corps expéditionnaire du Mexique.*

# LES BIVOUACS

# DE VERA-CRUZ A MEXICO

## I

Débarquement à Vera-Cruz. — La ville et le port. —
La cordilière. — Le convoi.

Après une heureuse navigation, nous débarquâmes
à Vera-Cruz au moment où le *vomito negro* y exer-
çait les plus cruels ravages. La ville était plongée
dans le deuil ; la plupart des habitants avaient fui ;
il ne restait dans cette cité désolée que ceux que des
intérêts majeurs ou des affaires importantes de commerce retenaient dans ce vaste foyer d'infection, et
la petite garnison française que chaque jour le fléau
décimait.

La marine, dans la rade de Sacrificios, était également éprouvée et voyait peu à peu ses équipages
épuisés.

Bien que le moral de chacun fût à la hauteur des circonstances, une certaine inquiétude commençait à se manifester, et les difficultés devinrent telles que le gouverneur de la ville, M. le capitaine de vaisseau Rose, que ses éminents services ont fait nommer plus tard au grade de contre-amiral, dut employer toute son énergie et tout son dévouement pour sortir d'une situation semblable.

La moitié de la garnison était constamment dans les hôpitaux où le personnel peu nombreux des officiers de santé donnait sans cesse l'exemple de l'abnégation la plus héroïque.

L'épidémie faisait malheureusement trop de victimes parmi ceux dont les soins en ce moment étaient si nécessaires.

Les documents officiels, qui seront sans doute publiés un jour, rendront cette justice au corps de santé militaire que nos médecins ont montré un dévouement et un courage admirables, non-seulement pendant les ravages de la fièvre jaune à Vera-Cruz, mais encore dans d'autres circonstances fort critiques de la campagne et pendant les opérations trop meurtrières du siége de Puebla.

Au moment de notre débarquement, Vera-Cruz avait, on le concevra aisément, un aspect lugubre qui fit sur nous tous une profonde impression. Un soleil de plomb nous brûlait de ses rayons verticaux; une odeur infecte manifestait l'état de malpropreté de certains quartiers et l'indifférence des habitants à nettoyer les rues empestées de la ville. Des bandes de zopilotes, espèce de vautours qui abondent dans le Mexique, se disputaient devant les maisons des tas d'ordures jetées par les habitants. Ces oiseaux à physionomie repoussante font ici l'office de vidangeurs ; ils sont protégés par la loi qui inflige une amende de vingt-cinq piastres à tout individu qui en tue un ; aussi ces affreux animaux ont-ils envahi les rues de la ville, se dérangeant à peine pour laisser la circulation libre.

Je profitai des quelques heures que nous devions passer à la Garita de Mexico (barrière d'octroi de la porte de Mexico) pour aller visiter un commerçant ami de ma famille, que je me rappelais avoir connu dans mon enfance. Je reçus le meilleur accueil de cet excellent homme qui me raconta toutes les tribulations qu'avait déjà endurées notre petite armée dont on n'avait que rarement des nouvelles.

Les bruits les plus sinistres et les plus malveillants étaient répandus dans la ville sur le compte de notre expédition.

La population de Vera-Cruz composée de commerçants, avides de gain, qui s'exposent aux plus grands périls pour tenter fortune, nous était essentiellement hostile, la guerre que nous venions d'entreprendre ruinant beaucoup d'espérances.

Il est fâcheux d'avoir à ajouter que les résidants français nous faisaient une sourde opposition en alimentant par leurs propos malveillants les dispositions déjà peu amicales des habitants du pays.

Voilà où en était Vera-Cruz au moment de notre

débarquement au Mexique. Cette situation n'avait pas de chances de s'améliorer jusqu'à l'arrivée des renforts annoncés et aussi jusqu'à la disparition du vomito ; mais grâce à l'habileté et à l'énergie du gouverneur, elle n'empira pas : ce fût un grand résultat.

La ville de Vera-Cruz est située à 93 lieues Est de Mexico ; c'est le port le plus important de la république, par son commerce. Malheureusement la rade est affreuse, n'offrant aucune sécurité, aucun abri aux navires qui y viennent relâcher. La ville est entourée d'une muraille délabrée formant une enceinte inutile pour sa défense. Par ci par là, on remarque quelques bastions qu'un seul coup de canon abattrait.

Depuis quelque temps, les rues sont éclairées au gaz, et c'est le seul luxe que l'étranger remarque dans cette ville qui est presque continuellement dans un état de saleté déplorable.

Un aqueduc donne aux Vera-Cruzains les eaux du Rio Jamapa dont le cours est à quatre lieues de là. Avant la construction de cet aqueduc, les habitants manquaient d'eau potable et saine ; on buvait l'eau des citernes qui était fort mauvaise.

Les maisons sont généralement vastes et bien aérées, les rues droites et alignées. On y voit quelques édifices bien construits, le palais du gouverneur, la douane maritime, la trésorerie départementale, la commandance générale, le théâtre et la place des taureaux. Il y a plusieurs églises parmi

lesquelles les plus remarquables sont : La Parroquia,
Santo-Domingo, Nuestra-Senóra de la Merced actuelle-
lement transformée en magasin et caserne pour les
troupes françaises. Vera-Cruz possède, en outre, trois
hôpitaux toujours pleins de malades et une promenade (Alameda) toujours déserte et mal entretenue.

Au delà de l'Alameda se trouve la gare du chemin
de fer de Medellin. Des travaux actifs, entrepris sous
nos auspices et notre surveillance, vont permettre
prochainement de livrer cette voie ferrée à la circulation, depuis Vera-Cruz jusqu'aux bords du Chiquihuite, c'est-à-dire qu'en quatre ou cinq heures
on parcourra toute cette terre chaude (tierra caliente)
si malsaine, qui cause tant d'effroi aux nouveaux dé-
barqués.

La physionomie des Vera-Cruzains est peu sympathique et prévient tout de suite de leurs mauvaises
dispositions à notre égard. D'ailleurs cette ville, toute
marchande, ne fait bon accueil qu'à ceux qui
viennent alimenter son commerce et lui apportent
des piastres.

Tel n'était pas notre cas, aussi fûmes-nous mal
reçus ; l'autorité militaire pour prévenir tout conflit
nous fit sortir de la place le plus promptement possible ; cette mesure était d'ailleurs commandée par
l'état d'insalubrité dans lequel la ville se trouvait en
ce moment. Aucun de nous ne songea à se plaindre
d'un séjour si court en ces tristes lieux.

Nous fûmes envoyés le jour même, par le chemin
de fer, au campement de la Tedjeria, à douze kilo-

mètres de distance. On y avait, déjà depuis quelque temps, établi un poste et des magasins de vivres que les nombreux convois du chemin de fer devaient sans cesse alimenter.

Pendant que nous installions notre camp dans les prairies marécageuses qui entourent le *Pueblito* incendié de la Tedjeria, sous un soleil brûlant, le gouverneur de Vera-Cruz organisait, au moyen de deux cents charriots du pays, un immense convoi de vivres destiné à être conduit par nous à nos troupes presque affamées d'Orizaba. Ce convoi devait nous arriver le lendemain par la voie ferrée au poste de la Tedjeria.

La province de Vera-Cruz, à l'exception des lieux voisins de la mer, est très-montagneuse, surtout dans le district d'Orizaba qui est complètement occupé par un des contreforts de la Sierra-Madre depuis l'état d'Oaxaca jusqu'à celui de Puebla. Cette cordilière est remarquable à cause des deux montagnes qui en forment les principales hauteurs et lui donnent un aspect imposant et majestueux. La première est le volcan de *Citlatépetl* (montagne-étoile en indien, *citaline* étoile, *tépetl* montagne). Elle est située au Nord-Est d'Orizaba. Sa figure est conique, et son sommet, couvert de neiges éternelles, apparaît semblable à une étoile qui brille. Son élévation au-dessus du niveau de la mer est de 5,295 mètres ; on aperçoit le pic d'Orizaba de quarante lieues en mer, et les navigateurs pour se rendre à la Vera-Cruz se guident sur le volcan.

Nous fûmes tous frappés d'admiration lorsqu'en approchant de la côte mexicaine par un temps splendide, nous vîmes la tête blanche du Citlatépetl.

La neige éternelle si près de l'Equateur !

La seconde montagne de cette chaîne est le Coffre de Pérote que les anciens Mexicains nommaient *Nauhcampatépetl* (montagne carrée); elle est remarquable surtout par la forme du rocher qui couronne sa cime ; il a exactement la figure d'un coffre. C'est pour cette raison que les Espagnols lui donnèrent le nom qu'il porte encore de nos jours.

De son sommet, élevé de 4,088 mètres au-dessus du niveau de la mer, on jouit des belles perspectives de la plaine de Puebla et de la vue des arbres gigantesques qui recouvrent le versant oriental de la cordilière. Le panorama qui se déroule devant les yeux est splendide ; on découvre de ce site élevé le port de la Vera-Cruz, le fort de Saint-Jean d'Ulloa et une grande partie des côtes du golfe du Mexique. Les montagnes qui occupent toute la partie ouest de l'état de Vera-Cruz sont couvertes de forêts vierges ; les rivières qui coulent au pied des montagnes sont bordées d'une végétation vigoureuse, surtout dans le district d'Alvarado. Tout ici contribue à donner à l'observateur une idée réelle de la richesse de ce sol qui produit presque sans culture.

Depuis nos campagnes d'Afrique, nous avons adopté le transport des vivres, munitions et bagages des troupes expéditionnaires à dos de mulet, seul

système applicable dans tout pays accidenté et dé-
pourvu de routes.

Malheureusement, depuis l'arrivée de l'armée française au Mexique, les mulets du pays avaient disparu. L'ennemi s'en était approprié la plus grande
partie, et le reste avait été conduit dans les contrées
éloignées du champ de nos opérations, les proprié-
taires étant peu disposés à nous aider ou craignant
de se compromettre aux yeux du parti que nous
venions renverser. Nous manquions donc de moyens
de transport, et il était fort difficile, pour ne pas
dire impossible, dans les circonstances où nous
nous trouvions, de remédier à ce fâcheux état de
choses.

Cependant l'intendance militaire parvint à af-
fermer à des prix exorbitants tous les chariots que
l'armée ennemie en se repliant sur Puebla avait laissés dans les terres chaudes. Il y en avait environ
trois cents dont plusieurs en assez mauvais état,
avec des attelages médiocres dirigés par des conducteurs indiens qui ne se souciaient guère d'aller sur les
routes risquer des coups de fusil, bien qu'ils fussent
largement rétribués.

Les chariots du roulage mexicain sont fort lourds;
ils sont montés sur quatre roues énormes; ils portent en moyenne trente quintaux métriques de
charge; habituellement l'attelage est de douze mules
et même seize. Mais pendant la saison de l'hivernage,
les routes devenant des bourbiers, tout transport de
ce genre cesse jusqu'en octobre, terme des pluies

qui inondent la terre chaude depuis le mois de mai.

C'était en ce moment même du plus fort des pluies que nous allions nous mettre en route avec cet immense convoi composé de chariots chargés outre mesure, traînés par des attelages épuisés et dirigés par des *arrieros*, pris pour ainsi dire de force, qui allaient profiter de la première occasion pour s'enfuir.

Les terrains boisés qui bordaient la route que nous avions à suivre étaient infestés de bandes nombreuses de *guerilleros*, bien embusqués, attendant le moment favorable pour se précipiter sur les attelages embourbés et nous cribler de balles, pour aller ensuite, à la faveur d'un terrain difficile qu'il nous était impossible de reconnaître à l'avance, recommencer leur attaque sur un autre point de notre longue colonne, disparaissant comme par enchantement dès que nos hommes s'élançaient à leur poursuite.

Cette marche qui dura quinze jours fut des plus pénibles ; le mauvais temps et l'état des chemins ne nous permirent pas de faire chaque jour plus de quatre ou cinq kilomètres, et souvent, les mules ne pouvant se remettre en marche, on fût obligé de séjourner deux ou trois jours dans le même campement.

En maintes circonstances on dut employer quarante-huit mules pour relever les voitures enfoncées jusqu'aux essieux dans les ornières.

## II

### Bivouacs de Rancho-Nuevo, de la Purga, et de Matta-Indios.

Quoiqu'en partant de la Tedjeria notre colonne fut favorisée, par exception, d'un temps magnifique, le convoi eut toutes les peines du monde à se dépêtrer du point où il avait été organisé. Les voitures avaient de trop lourdes charges, mal installées; les conducteurs témoignaient en général d'un mauvais vouloir qui nous indisposa fort contre eux et causa en partie la rigueur avec laquelle ils furent traités pendant tout le voyage. On alla jusqu'à en menacer quelques-uns de les fusiller sur le champ, tellement on était persuadé qu'ils augmentaient avec intention les difficultés de la marche afin de favoriser une attaque de la part des *guerillas*.

Le départ de la Tedjeria avait eu lieu le matin à cinq heures. La queue du convoi n'avait pas encore fait un pas à deux heures après-midi; on donna l'ordre de s'arrêter au *Rancho-Nuevo*, distant de la Ted-jeria de quatre kilomètres.

L'attirail roulant dont nous étions obligés de faire usage dans ce pays qui ne possède à proprement parler aucune route carrossable, offrait des inconvénients d'autant plus grands en ce moment que, par suite des pluies considérables de chaque jour, les terres étant détrempées, les chariots s'enfonçaient jusqu'aux essieux ; un renfort d'animaux devenait nécessaire pour les dégager ; ces animaux manquant, on était obligé de dételer ceux des autres voitures. Celles-ci, arrêtées dans leur marche par celles qui précédaient, forçaient également les suivantes à l'immobilité. En multipliant ces temps d'arrêt malheureusement trop fréquents, on s'expliquera comment, malgré les efforts prodigieux de chacun, on ne parvenait pas à franchir chaque jour plus de trois ou quatre kilomètres.

La queue du convoi arriva au bivouac à la nuit, par une pluie diluvienne. Hommes et animaux étaient exténués ; tous nous étions trempés jusqu'aux os.

On ne peut se faire une idée, sans les avoir essuyées, des averses mexicaines au temps de l'hivernage, dans la terre chaude surtout.

Il est neuf heures du soir ; la tête de colonne est campée depuis neuf heures du matin ; l'arrière-garde en arrivant au bivouac ne peut trouver un coin de terrain qui ne soit inondé ; l'eau ruisselle de nos vêtements, la fatigue l'emporte, on se couche en cet état. Malgré la pluie qui tombe par torrents, malgré la fatigue occasionnée par la charge qu'ils ont portée pendant plus de douze heures sous un soleil torride, nos énergiques zouaves se groupent en chantant autour des feux du bivouac, sans souci des nouvelles épreuves du lendemain.

On fit séjour à *Rancho-Nuevo*; on passa en revue tout le convoi et on reconnut l'impossibilité de se remettre en marche immédiatement; quelques chariots étaient brisés; on dût se mettre tout de suite à les réparer.

Je fis partie d'une grand'garde à quelques centaines de mètres du camp, dans un site assez pittoresque que vint visiter un agent du consulat qui avait obtenu du gouverneur de Vera-Cruz l'autorisation de suivre notre colonne jusqu'à Orizaba. Il était anglais d'origine, mais il habitait le Mexique depuis plusieurs années. Il avait été victime d'actes arbitraires de la part du gouvernement de Juarez pour lequel il avait une profonde antipathie; il ne manquait pas de la manifester à chaque occasion favorable. Là, je fis connaissance avec ce gentleman, homme fort aimable d'ailleurs, qui paraissait éprouver une certaine amitié pour les zouaves.

Je profitai de cette circonstance pour engager la conversation avec lui et comme il passait pour être fort au courant des affaires du Mexique, je le priai de m'éclairer sur ce chapitre, attendu que ni moi ni aucun de mes camarades ne connaissions le premier mot de la cause pour laquelle on nous envoyait ainsi à deux mille lieues de notre patrie

J'écoutai avec le plus vif intérêt la spirituelle critique qu'il me fit sur les gouvernants de ce pays et sur la manie de régner qui tourne la tête à si grand nombre de Mexicains. Il commença ainsi :

« Le premier qui fut roi fut un soldat heureux !

« Telle est la devise que semblent avoir adoptée,
« depuis l'époque de l'indépendance, les partis qui
« se disputent le pouvoir au Mexique. La présidence
« a été, tous les deux ou trois ans, mise en loterie
« militaire, jeu tumultueux et sanglant où la répu-
« blique a fini par perdre deux cents millions de
« piastres fortes (deux milliards) en espèces son-
« nantes, sans compter son crédit ruiné, son agri-
« culture épuisée et sa population décimée. C'était
« devenu une fureur ; il n'était capitaine ou simple
« cadet de Chapultepec (école militaire près de
« Mexico) qui ne brulât d'entrer au tripot et d'y
« tenter fortune.

« Miramon força l'entrée, mit son épée sur le car-
« ton et gagna le gros lot. Depuis cet énorme coup
« du sort, tous rêvaient présidence ; l'ambition tour-
« nait toutes les cervelles, et, la manie gagnant la hié-
« rarchie sociale jusque dans les plus infimes ré-
« gions, on voyait les plus pauvres hères, pensifs et
« rêveurs, interrogeant l'avenir pour y découvrir un
« bout de fauteuil présidentiel où asseoir leur for-
« tune.

« Ce n'est pas que Miramon en fût le plus indigne ;
« il a montré, dans sa carrière si courte et si agitée,
« plus d'entrain et d'instincts militaires qu'aucun de

« ceux qui l'avaient précédé ; mais l'exemple était
« funeste, le secret de l'empire était trop à décou-
« vert. Tout oser et tout brusquer, telle était la mo-
« ralité de cette fable, de cette réalité politique :
« l'avènement au pouvoir suprême d'un officier de
« fortune de vingt-sept ans.

« La loterie présidentielle dégénérait en bouffon-
« nerie. On a eu le grotesque spectacle d'avocats et
« de greffiers de bourgade, jetant la robe aux or-
« ties, ceignant l'épée et se déguisant en généraux
« pour avoir accès au tapis-vert et y poursuivre le
« grand Quine !

« Si ce tripot effréné n'eut coûté à la république
« qu'un fauteuil de plus par terme de deux ou trois
« ans, la plaisanterie semblerait tolérable et quel-
« quefois divertissante, mais l'enjeu était sérieux.
« Plus l'épée sonnait creux, plus celui qui la portait
« montrait d'âpreté dans le commandement et dans
« ses appétits. Il n'est plus dur bâton qu'un sabre
« de bois, ni de mains plus avides et plus prodigues
« que celles des gouvernants de hasard. On se hâtait
« de jouir et de tirer profit d'un pouvoir sans cesse
« remis sur le tapis, qu'un coup de dé pouvait vous
« enlever le lendemain comme il vous l'avait appor-
« té la veille.

« Cette foire de jeu se tenait d'un bout de la répu-
« blique à l'autre. On devenait gouverneur d'état,
« préfet de district comme on devenait président à
« Mexico.

« Les finances intérieures et la puissance de pro-

« vince étaient la proie des hommes de guerre de
« moindre qualité et de moindre audace ou de robins
« galonnés.

« Un petit officier, un sergent, détaché à la tête
« d'une très-mince cohorte, n'arrivait pas plus tôt
« dans un village qu'il se proclamait dictateur de
« céans, levait des emprunts forcés, en battant le pavé
« de son sabre, au milieu des pauvres Indiens cons-
« ternés ; malheur à celui qui eut osé présenter la
« carte au héros en campagne ! Malheur à celui qui
« eut réclamé contre le vol, le rapt ou l'insolence !
« Car ils exerçaient tout à l'aise, au jour, et comme
« un droit naturel de conquête, le viol des femmes
« de toutes qualités. Les mères de famille s'enfuient
« encore avec leurs filles dans les montagnes à l'ap-
« proche d'une cavalcade de lanciers, et dès que les
« fusils brillent tant bien que mal au milieu des
« nuages de poussière sur la grande route.

« Les années s'écoulant, les révolutions sévissant
« avec plus de dureté et de fréquence, on vit tout-
« à-coup entrer en scène des acteurs étranges et
« redoutés.

« Sur le vaste territoire de cette république, on
« aperçoit de distance en distance, au bord des
« routes et des sentiers, de petites fermes mal cul-
« tivées, mal tenues, abandonnées à la bonne ou
« mauvaise chance des saisons. Çà et là, un champ
« de maïs, une prairie, aride dans les temps de
« sécheresse, touffue de mauvaises herbes à l'époque
« des pluies, quelques bœufs broussaillant autour

« des haies et regardant d'un air morne passer les
« voyageurs. Si vous pénétrez dans le *rancho*, en
« entrant dans la demeure, vous vous sentirez glacé
« par le vide et l'aspect sordide du lieu ; de meubles
« point ; une ou deux nattes sur les briques, quel-
« ques escabeaux graisseux ; sur le mur de la salle
« un trophée énorme de plats de toutes couleurs,
« de jarres ou de petits pots de formes grotesques,
« modelés en chiens, en canards et en tarasques ;
« en face une image de vierge sous verre. Mais si
« vous pénétrez dans l'appartement intime, vous y
« découvrirez des selles plaquées d'argent, des har-
« nais, des éperons, des armes, deux ou trois *zara-*
« *pés* de prix, une guitare et presque toujours une
« belle fille affairée à la besogne du ménage et au
« soin des enfants. C'est la femme ou la maîtresse du
« *duegno* de la case.

« Mais le secret de cette mystérieuse existence est
« dans l'arrière-cour ; deux ou trois chevaux dressés
« à toute la voltige des grandes routes, irréprocha-
« blement tenus, attendent l'heure du repas ou de
« l'expédition. Il est évident que le propriétaire de
« cette ferme ne compte pas sur le revenu du champ
« et qu'il a d'autres ressources que celles de l'agri-
« culture.

« Ce fermier-là est presque toujours un voleur de
« grands chemins, joueur de *monte* et de coqs,
« fréquentant à ses époques de loisir les courses de
« taureaux, les foires et les *fandangos*.

« Dans presque tous les villages du haut plateau

« mexicain, on voit chevaucher sur la grande place,
« des cavaliers brodés sur toutes les coutures du
« pantalon à grelots et de la veste de cuir, le sabre
« croisé sous les courroies de la selle, le *lazzo* en-
« roulé autour du pommeau ou bien placé en croupe.
« Ils vont d'une taverne à l'autre, s'enquièrent des
« arrivages et des départs, interrogeant les venants
« d'un air protecteur; ils s'informent du mouvement
« des grandes routes, des colis acheminés, de l'état
« des *barrancas* (ravins), tout cela très-naturelle-
« ment, comme à la Bourse. Ces centaures-là sont
« des chevaliers de la nuit; ils n'étaient autrefois
« que des brigands; on en a fait des généraux de-
« puis quelques années.

« Au bruit des grandes fortunes militaires qui se
« faisaient, les bandits fameux sortirent de leurs
« repaires et prirent parti en politique.

« C'est ainsi que l'on a eu le hideux spectacle
« des bandes de Carvajal, de Diaz, de Rojas, de Ley-
« va, de Cueillar, de Valencia, de Butron [1] et autres
« faisant leur entrée solennelle dans les villes, ban-
« nière déployée, clairons en tête, et recevant des
« mains de la plus haute autorité républicaine le
« sacrement militaire.

« Après les chefs factieux de l'armée s'arrachant
« le pouvoir, des robins attachés à de grands sabres

---

[1] Butron et sa bande furent arrêtés par une patrouille française quelques jours après l'entrée de l'armée alliée à Mexico. Ils furent jugés et fusillés dans les premiers jours de juillet; Butron était un brigand redouté.

« et à de grands plumets s'intrônisèrent au palais ;
« après les robins, les brigands sont venus réclamer,
« la lance au poing, leur part de butin et de curée.
« Qui oserait dire que Carvajal n'aspire pas à la suc-
« cession de Juarez ou à la présidence de quelque
« état ? Le temps de ces bonnes fortunes excessives
« va bientôt passer, je l'espère, pour ce malheureux
« pays ; le tripot va se fermer. Il faut que l'armée
« française reconstitue l'armée mexicaine, lorsque
« les factieux auront été vaincus et réduits à l'im-
« puissance. Une fois les cadres épurés, qu'il n'y ait
« plus, au lieu de l'agio militaire, de chances de
« succès et d'honneurs que pour le mérite éprouvé
« et patient. »

M. de B... s'arrêta là de son intéressante causerie,
et rentra au camp pendant que j'allais relever une
sentinelle placée en embuscade dans un ravin. Tout
ce que je venais d'entendre de la bouche d'un
homme instruit, connaissant par douze années d'expérience le pays mexicain et les vices qui l'avaient
désolé depuis de si longues années, me causa un vif
intérêt, et je me promis de me rapprocher en marche,
le plus souvent possible, de M. de B... qui, d'ailleurs,
ne demandait pas mieux que de nous communiquer
tout ce qu'il savait sur le Mexique.

On put se remettre en marche pour le bivouac de
la *Purga* le lendemain de ce séjour, après avoir
employé toute la journée à réparer les voitures et à
discipliner les *majordomes* et les *arrieros*.

Il faisait un temps atroce, la pluie et la grêle nous

fouettaient le visage ; malgré le mauvais temps, les *guerillas* nous suivaient d'assez près, sans toutefois s'exposer à nos balles. Nous arrivâmes au bivouac à dix heures du soir, par une nuit profondément obscure et une pluie battante qui n'avait pas cessé depuis le moment de notre départ. J'eus la bonne fortune, en arrivant au bivouac, de rencontrer sur mes pas un *majordome* du convoi qui, une lanterne à la main, parquait ses voitures. Cet homme m'avait fait mille amitiés à Vera-Cruz ; il profita de l'état piteux dans lequel je me trouvais en ce moment pour m'inviter à partager son repas. Je mourais littéralement de faim, j'acceptai sans hésiter, d'autant plus que j'entendais, par ci par là, les jurons de mes camarades qui se plaignaient de ne pouvoir faire le café à cause de l'intensité de la pluie. Il était de toute impossibilité d'allumer les feux.

Que la pitance ordinaire vienne à manquer au zouave en campagne par une cause majeure, il s'en rit ; que le café lui fasse défaut, il est inabordable, car cette nourriture qu'il aime par-dessus tout lui est devenue indispensable. J'acceptai donc, sans me faire prier, l'invitation qui m'était faite dans cette circonstance difficile. Notre *majordome* avait, pour les cas de mauvais temps en route, si fréquents en cette saison, un gîte fort commode dans lequel il prenait ses repas et passait la nuit à l'abri de la pluie.

C'était une carriole recouverte d'une toile cirée et fermée par des rideaux de même étoffe ; elle contenait toutes ses provisions et son matériel de cuisine. Un domestique, jeune indien de quatorze ans, fort beau gaillard, actif et intelligent, cumulait les deux fonctions de cuisinier et d'*arriero*.

Nous nous installâmes dans ce véhicule, et je fis honneur au repas providentiel qui m'était offert. Cependant les mets qui furent servis, préparés à l'espagnole, cuisine que j'apprécie fort peu, m'auraient peu séduit en toute autre circonstance ; mais j'avais faim, je n'avais rien pris depuis le matin ; en ce moment il était plus de minuit. D'ailleurs, une bouteille de fort bon vin de Bordeaux aida à encourager mon estomac délabré.

La pluie continuait à tomber par torrents, ce qui n'empêcha pas les moustiques de s'abattre sur nous par bandes innombrables pendant toute la nuit, attirés qu'ils avaient été par la lumière. Je fus dévoré par ces cruels et voraces animaux qui sont une des plaies de la terre chaude. Il me fut impossible de fermer les yeux ; mon compagnon n'était pas plus heureux que moi ; se lever pour chasser ces insectes si terribles eût été peine perdue ; il fallut se résigner à leurs bourdonnements et à leurs morsures cuisantes.

« — Voilà, me dit mon hôte, un des plus grands supplices de la terre chaude qui en fait subir tant d'autres.

— Oui, en effet, répondis-je, et celui-ci est d'autant plus fâcheux qu'en ce moment, exténués comme nous le sommes, nous avons tous besoin d'un peu de

repos pour recommencer demain à supporter les
mêmes fatigues. J'ose espérer que lorsque nous serons arrivés sur les plateaux supérieurs, notre sommeil ne sera plus troublé par la même cause, car je
suppose que les moustiques n'habitent pas la région
froide.

— Vous avez raison, les moustiques, les maringouins et les insectes dévorants n'existent que dans
les terres chaudes, mais vous aurez toutefois à vous
garantir dans certaines contrées d'un insecte terrible
connu sous le nom de *chique*. Cet insecte presque
imperceptible s'introduit principalement aux extrémités inférieures et même aux mains, entre la peau
et l'épiderme, fait des milliers d'œufs en quelques
heures et ronge les chairs avec une ardeur
effrayante ; vous verrez certains villages indiens
dont les habitants qui vont constamment sans chaussure, ont les pieds dévorés ; souvent les doigts
disparaissent. J'ai vu un malheureux enfant mourir
par suite des ravages faits à sa tête par les chiques
qui avaient envahi ses yeux, son nez et ses oreilles.
Chaque contrée au Mexique présente ses désagré-
ments ; dans la terre chaude, ce sont les maladies
mortelles, les fièvres de toute espèce, le *vomito
negro*, cet épouvantable fléau qui décime chaque
année la population du littoral, les insectes par
milliers. Dans la zône tempérée, ce sont les dyssenteries, le typhus, les chiques et les fièvres ; sur les
hauts plateaux, les engorgements du foie. La raré-
faction de l'air, par suite de l'attitude du sol, rend la

respiration difficile et pénible; les poitrinaires y sont promptement épuisés. Le Mexique est un pays qui n'a pas le moindre rapport avec les contrées que vous avez parcourues en Europe. Ici, tout paraît créé contre nature, et je vous affirme qu'il faut être appelé par des nécessités bien impérieuses pour venir habiter ces régions où, indépendamment des dangers du climat, il y a tant d'autres tribulations à subir. Lorsque vous aurez vu de près les populations des villes, vous trouverez que leur contact est un ennui autrement fastidieux que tous ceux que je vous ai énumérés. »

Comme je lui témoignais mon étonnement de le voir établi dans ce pays, lui espagnol, ayant de si profondes répugnances, il me répondit :

« — Mon père, honnête muletier qui vivait dans l'aisance à San Diego de Castille avait une petite fortune, fruit de quarante années de travaux pénibles; une épizootie lui tua la presque totalité de sa *mulada* (troupeau de mules). Un de ses parents, exerçant la même profession que lui, s'était établi au Mexique depuis quelques années et avait eu du succès dans ses affaires. Il engagea mon père à venir le rejoindre, et quelques dix ans plus tard nous possédions un matériel et des mules pour une valeur de plus de cinquante mille piastres (250,000 francs). Malheureusement il était trop tard à l'âge de mon père pour venir affronter un aussi terrible climat. La température dévorante des terres chaudes l'avait épuisé; il succomba après avoir réalisé une belle fortune dont

je fus dépouillé. Les agents du gouvernement mexicain, antipathiques aux Espagnols qu'ils nomment
par ironie *Guachupinos*, me volèrent la majeure
partie de la succession paternelle. J'adressai maintes
plaintes, aucune ne fut écoutée ; je payai des juges
qui étaient, à mon insu, de connivence avec ceux
que je poursuivais ; enfin, après des démarches qui
durèrent plus de deux années et absorbèrent presque
tout ce qui me restait, je reçus de si mauvais traite-
ments que je dus renoncer à tout espoir de rentrer
en possession de mon bien. Je me remis au travail
avec une nouvelle ardeur pour tâcher de réédifier
l'héritage paternel ; j'étais jeune et entreprenant ;
souvent j'ai vu la mort de près, mais rien n'effrayait
mon ambition. C'est un dur métier, croyez-moi, que
le mien, et il faut avoir une bonne dose d'énergie et
de santé pour ne jamais se laisser aller au découragement. Je viens enfin d'atteindre mon but, grâce à
l'expédition française au service de laquelle je suis
entré au début de la campagne. Dès que mes enga-
gements seront terminés, je ne tarderai pas à
rentrer dans ma patrie pour ne pas m'exposer à
perdre encore une fois une fortune que j'ai eu tant
de mal à amasser.

« Dans ce pays, la propriété est une lettre morte ;
elle n'est nullement respectée par qui que ce soit, pas
même par ceux qui sont chargés de la protéger. Vous
allez bientôt connaître les vices des populations
mexicaines ; il vous faudra peu de temps pour les remarquer et il vous restera comme résultat de vos

4.

observations un profond dégout pour cette nation corrompue, vaniteuse et sans foi. La démoralisation est partout ; la duplicité préside à tous les actes des employés de l'État comme à ceux des particuliers. Ceux-ci, habitués à être trompés, dupent les autres à leur tour. Je n'ai jamais pu traiter des affaires de commerce avec les Mexicains sans avoir eu à me garantir de leurs mensonges débités avec une parole mielleuse, une apparence de bonne foi, de bonhomie trompeuse. Que de fois les ai-je surpris se moquant de la loyauté naturelle des soldats français, l'envisageant comme une marque d'inintelligence! L'entreprise de la France est noble, grande, généreuse, si elle ne cache aucun dessein intéressé, ce qui aura besoin d'être bien prouvé; mais que de sacrifices de toute sorte ne lui faudra-t-il pas faire pour guérir ce malade agonisant ? La gangrène ronge ce fantôme de nation prêt à disparaître de la scène du monde si la France n'achève pas son œuvre.

« Vous êtes étonné de ce langage d'un charretier, et je puis vous sembler un pédagogue mal avisé lançant des prédictions lugubres sur ce triste pays, sans être à même d'expliquer ces sinistres pressentiments ?

« Mon père, tout charretier qu'il fût, était doué d'une intelligence remarquable, d'une justesse d'appréciation des choses et des hommes qui rendait son jugement presque infaillible. Tout ce que je viens de vous raconter est de lui. Au Mexique les gens sensés, et il y en a, pensent absolument comme pensait mon père et comme vous penserez vous-même dans quelques mois.

« L'Espagne ma patrie a doté cette nation atrophiée d'une partie des vices qui la dévorent et qui semblent ne devoir s'éteindre qu'avec le dernier Mexicain. Croiriez-vous que, depuis que Mexico a secoué le joug, il n'a pas été possible de constituer un gouvernement sous quelque forme que ce fût, ayant des éléments et des institutions honnêtes ? Des ambitieux ignorants et avides se sont emparés successivement de la direction des affaires publiques, sans posséder aucune des qualités nécessaires, sans comprendre la grandeur, la sainteté des devoirs que cette tâche leur imposait ; aussi depuis trente ans le Mexique a rétrogradé d'un siècle, et personne en ce pays n'a encore eu l'intelligence de s'en douter. »

Je venais d'apprendre des choses que plus tard j'ai reconnues être d'une haute vérité. Décidément je n'avais qu'à écouter pour m'instruire convenablement sur ce pays, avant même d'avoir atteint la première ville de l'intérieur.

Je dois dire que je ne fus pas peu surpris d'entendre un homme d'une condition si vulgaire s'exprimer ainsi ; il fallait venir au Mexique pour rencontrer des charretiers érudits.

Mon étonnement cessa lorsque j'appris qu'il n'était point rare ici de voir des hommes intelligents, possédant quelque instruction, exercer la profession d'entrepreneurs de roulage ; cette profession, fort courue en ce moment, conduisant parfois à de brillantes fortunes. Un français nommé Faure acquit en quelques années près d'un million en exerçant cette humble profession.

Il est vrai que ces gens là sont exposés à des dangers continuels, à des maladies terribles dans les terres chaudes et à des fatigues qui usent en quelque temps un tempérament vigoureusement trempé.

Le *majordome*, dans un convoi, représente le propriétaire d'un certain nombre de voitures; il a sous ses ordres, suivant l'importance du convoi, des *caporales*, chefs de deux ou trois voitures. Celles-ci sont conduites par des *arrieros*, montés sur la mule de gauche du timon; ce sont généralement des indiens de la basse classe qui exercent cette pénible profession dans laquelle ils excellent. Le degré de perfection qu'ils atteignent est remarquable; souvent un seul homme dirige d'un coup de fouet, trente-deux mules traînant une lourde et énorme voiture dans des chemins affreux, bordés de précipices. Il est vrai que les mules mexicaines sont douées d'un instinct et d'une docilité incomparables. Il ne serait pas possible d'obtenir de nos mulets de Provence, si récalcitrants et si entêtés, les services que rendent ceux du pays.

Parfois, le propriétaire du convoi remplit lui-même, soit par goût, soit par esprit d'économie, l'office pénible de *majordome*. Mon Espagnol, que le désir de rétablir sa fortune au plus vite avait déterminé à surveiller lui-même son convoi, avait les meilleurs attelages; ils avaient cependant été soumis depuis plusieurs mois à de rudes travaux.

L'administration de l'armée française avait remarqué le bon vouloir et le zèle de cet homme et lui avait donné des encouragements et même parfois des indemnités lorsqu'il éprouvait quelques pertes d'animaux. Il avait une physionomie vive et sympathique, il était l'ami dévoué des zouaves qui recherchaient toute occasion de lui être utiles; de son côté, il était visiblement heureux d'offrir à tous ses services et au besoin ses provisions. Plus d'un d'entre nous se rappelle avoir dégusté son vieux catalan (eau-de-vie espagnole très-alcoolisée) au moment de se mettre en marche. Don J. P... est connu de toute l'armée française au Mexique.

Je le vis un dimanche affublé d'habits fort singuliers que j'ai remarqués depuis, chez quelques Mexicains des villes, qui n'ont pas renoncé au costume national. On ne porte généralement celui-ci que pour monter à cheval et pour aller à la campagne.

Ce costume est riche et brillant par les couleurs et les ornementations qui le surchargent.

Le Mexicain aime tant l'éclat et la parure! sous ce rapport sa frivolité est sans pareille.

L'or brille sur tous ses vêtements; une immense chaîne d'or, suspendue à son cou d'une façon très-apparente, fait son bonheur. Ses doigts sont couverts de bagues en brillants. Dans la ville, chez lui, à la promenade, il est toujours mis avec une recherche qui est parfois d'un goût médiocre mais d'une propreté incomparable.

La *manga* forme la partie principale du vêtement national, comme aussi elle en est le côté le plus caractéristique. La *manga* est un grand tapis ressemblant à une chasuble de bonne largeur; l'étoffe en est souvent fort belle et d'une finesse de tissu remarquable. Il n'est pas rare de voir quelques-uns de ces objets coûter jusqu'à cent ou deux cents piastres; (500 francs et 1000 francs). Les gens peu aisés portent la *manga* rayée d'étoffe commune qu'ils nomment *zarape*; ce vêtement ne les quitte jamais; il leur sert de couverture pour passer la nuit dans leur habitation ou à la belle étoile; l'homme du peuple ne sait point faire un pas sans son *zarape*.

L'étoffe est de fabrication nationale et peut, par sa perfection, étonner les gens qui croient l'Indien impropre à l'industrie. Il ne lui manque que de bons maîtres pour tout apprendre.

Au milieu de la *manga* se trouve une fente destinée à passer la tête, absolument comme au grand scapulaire des dominicains. Autour de cette ouverture on remarque de riches galons de soie, d'or ou d'argent qui produisent un charmant effet, surtout lorsque ce vêtement est porté par un cavalier quelque peu gracieux, et généralement les Mexicains de la classe aisée le sont tous; leur maintien est digne, quelque peu affecté peut-être. Le cavalier mexicain, bien drapé dans son costume, paraît plein de noblesse et de distinction, lorsqu'il parade à cheval.

Pour coiffure il porte un grand *sombrero* à larges bords, en feutre ou en fine étoffe, parfois en paille fine, garni d'une *toquille* d'or ou d'argent richement brodée et ayant la forme d'un serpent enroulé autour de la tête. Cette coiffure, qui paraîtrait excentrique en Europe, a sa raison d'être sous le soleil brûlant du Nouveau-Monde; elle donne au Mexicain un cachet fort original qui nous amusa dès le principe, mais nous ne tardâmes pas à adopter nous-mêmes cette coiffure bien plus légère qu'elle ne le parait de prime-abord et qui est si utile pendant les chaleurs. La veste courte et ronde est en usage au Mexique; elle est d'une coupe assez hasardée, manches à gigot rétrécies vers les poignets, le collet très-bas; l'étoffe est belle : c'est un drap pelucheux qui vient des manufactures des Etats-Unis et coûte fort cher; quelques-uns emploient le velours-soie brun ou marron et même violet; une infinité de boutons guillochés d'or ou d'argent ornent ce singulier vêtement. La culotte est aussi très-belle et très-brillante; elle est de soie, de velours ou de peau de chevreuil, galonnée d'or ou d'argent le long des cuisses, ouverte à la jarretière; les galons sont ornés de deux ou trois rangées de boutons pareils à ceux de la veste et du gilet. Le Mexicain entoure sa taille d'une belle ceinture en crêpe de Chine aux couleurs nationales avec broderies et franges d'or ou d'argent. La botte molle complète ce costume, mais elle est en usage depuis peu de temps. Autrefois la guêtre mexicaine faisait partie de ce brillant habillement, mais l'usage de la botte molle qui a prévalu ne fait pas tort au bon goût de ce costume.

La guêtre était de peau de cerf très-artistement travaillée, barriolée des dessins les plus bizarres et les plus gracieux ; des jarretières d'or retenaient la guêtre au dessus du mollet. Des éperons d'argent massif ou d'acier, incrustés de dessins singuliers avec molettes de dimensions colossales ornent la botte ; ces éperons sont fort incommodes pour qui n'en a pas l'habitude ; ils sont exagérés au point que le talon ne peut toucher le sol ; le cavalier est, en quelque sorte, dans l'obligation de se laisser rouler sur ces immenses molettes en traînant ses pieds. Ce ridicule usage importé de la vieille Castille parait cependant diminuer d'exagération et finira par disparaître entièrement.

Le harnachement du cheval est d'une richesse qu'on ne peut se permettre que dans le pays de l'or et de l'argent. Rênes de soie, or ou argent, mors d'argent, riches selles à l'espagnole à rebords par devant et par derrière pour donner de la solidité au cavalier. Ces selles sont brochées somptueusement or ou argent. Une peau de cerf bien préparée couvre les fontes et la croupe du cheval et va jusqu'à terre. Des étriers en argent massif d'une dimension ridicule complètent le harnachement.

En somme, à part l'exagération, propre au caractère frivole du mexicain, le costume national né du costume andalous est le plus riche et le plus gracieux qui se puisse voir ; les plus somptueux de l'Orient n'égalent pas son luxe et son élégance.

La colonne avec son immense convoi partit de la

Purga, le matin au point du jour, par une pluie
affreuse; les chariots eurent toutes les peines du
monde à se désembourber et à se remettre en marche;
nous pataugions dans la boue, trempés jusqu'aux os
et privés du café du matin : le sol était tellement
inondé qu'il avait fallu renoncer au café ; on s'était
contenté de fumer une pipe après avoir cassé un
biscuit. Il était neuf heures du matin, nous étions
parvenus à un point où la route est tracée au milieu
de forêts dont les arbres, pressés entr'eux par la vigueur même de la végétation, ne présentent que des
masses impénétrables de branches, de lianes et d'é-
pines. La pluie redoublait d'intensité en ce moment;
la tête du convoi allait atteindre le bivouac de *Matta-
Indios* [1]; le peloton de chasseurs d'Afrique qui éclai-
rait la route était déjà arrivé, lorsque la section qui
flanquait la tête du convoi reçut à bout portant une
décharche de mousqueterie qui heureusement n'atteignit qu'un cheval du convoi. Les *arrieros* épou-
vantés cherchent à s'enfuir et augmentent nos embarras. Nos zouaves s'élancent au pas de course,
oubliant leurs fatigues et leurs misères. Ils pénètrent
dans un fourré qui semble cacher un ennemi nombreux dont nous entendons les trompettes et les
clairons sonnant le ralliement ; une fusillade en tirailleurs s'engage dans les bois; notre peloton de
cavalerie accourt à toute bride et cherche un sentier

---

[1] Matta-Indios (en Castillan tue-indiens) semble tenir sa sinistre
étymologie d'un massacre d'Indiens fait en ces lieux aux premiers
temps de la conquête.

pour to irner l'ennemi ; point de passage praticable. Ces bois inondés par les pluies diluviennes de l'hivernage étaient impénétrables ; on dut renoncer à poursuivre un ennemi insaisissable qui n'avait jamais l'audace de nous attaquer à découvert. ·

Le convoi se remit en marche péniblement ; les premières voitures, quelque peu disloquées, étaient à peine parties qu'une nouvelleattaque eut lieu vers la gauche de la colonne. Evidemment la fusillade que nous venions d'essuyer n'était qu'une fausse attaque, l'ennemi ayant l'intention bien arrêtée de porter tous ses efforts sur la queue du convoi. ·

L'arrière-garde s'élança vigoureusement sur ces bandits qui avaient une réserve de trois cents cavaliers et fantassins postés sur un mamelon dominant la route. Tout se dispersa comme par enchantement devant cette démonstration de notre part. On embusqua de bons tireurs derrière des plis de terrain pour canarder tout à l'aise ces misérables.

Leurs cavaliers semblaient se rallier dans une *barranca* qui cachait leurs mouvements, et on supposa que leur intention pouvait être de chercher à tourner la gauche du convoi.

Aussitôt, l'arrière-garde détache une section qui débouche subitement sur eux et les met dans la plus complète déroute. Dès ce moment, toute tentative d'attaque de la part de la *guerilla* de la terre chaude cessa ; la leçon avait été jugée suffisante. Néanmoins, pour plus de sûreté dans la marche de cet immense convoi, escorté par une troupe relativement si peu

nombreuse, le commandant de la colonne ordonna
d'occuper certaines positions dominantes qui com-
mandaient la route. Ces précautions prudentes con-
tribuèrent sans doute à préserver cette longue file
de voitures, qui ne tenaient pas moins d'une lieue, de
toute surprise, dans des terrains tout-à-fait disposés
pour des embuscades.

Après quatorze heures de cette rude étape, nous
arrivâmes au bivouac de *Matta-Indios*. Le lieu
assigné pour le campement ressemblait à une vaste
mare ; nous n'y trouvâmes pas un coin de terrain
sec ; il ne fallait pas compter se reposer, et cependant
combien tout le monde sentait le besoin de s'é-
tendre !

Il faut avoir enduré ces fatigues et s'être trouvé
soi-même dans ces tristes situations pour comprendre
ce que le soldat souffre parfois en campagne, surtout dans les pays chauds.

On fit halte quelques instants au lieu dit : *Arroyo
de picdras* (ruisseau de pierres). Nous vîmes là les
tristes débris du convoi de munitions détruit le 11
juin 1862 par une bande nombreuse de guerilleros.
Çà et là, étaient épars des fragments de voitures et
de projectiles d'artillerie.

Le souvenir de cet évènement malheureux qui
venait d'avoir lieu récemment, nous causa à tous une
profonde et pénible impression.

Sur la gauche de la route, à quelques pas d'un
ruisseau, dans la broussaille, on aperçoit deux petites tombes surmontées de branchages en forme de

croix. Le cœur se serre à cette vue ; on comprend, on devine qu'ici a eu lieu un tragique évènement. Deux malheureuses cantinières du 2e régiment de zouaves gisent là, victimes de la férocité de ces brigands.

Quelques instants avant d'arriver au ruisseau, nous avions découvert, dans le bois, le cadavre en décomposition d'un officier d'administration militaire assassiné dans cette déplorable affaire. Les restes de cet infortuné abandonnés sans sépulture étaient devenus la proie des *zopilotes*, ces ignobles vautours qui pullulent aux abords des routes. On ne voyait guère plus que les ossements dans les vêtements d'uniforme de cette victime d'un guet-à-pens atroce.

*Matta-Indios* est un petit hameau fort triste et presque entièrement brûlé par les brigands qui désolent ses environs. Par-ci par-là, quelques misérables cases désertes et des champs incultes au bord d'un maigre filet d'eau. Aux alentours, des forêts impénétrables, asile des bêtes féroces et des boas énormes qu'on rencontre en quantité dans ce brûlant climat.

A peine achevions-nous de dresser nos tentes et de creuser autour les rigoles destinées à l'écoulement des eaux, qu'un de mes camarades recule saisi d'horreur ; il venait, en retirant un monceau de broussailles et de hautes herbes qui obstruaient l'entrée de sa tente, de sentir un corps mou, énorme et froid dans sa main.

C'était un gigantesque serpent à sonnettes engourdi par l'humidité. Il était hideux. Sa tête triangulaire, plate et noirâtre faisait horreur à voir ; sa peau rugueuse était ornée d'une double ligne se croisant sur son dos en forme de losanges, tout le long de son immense corps.

Si ce n'eut été la frayeur que nous occasionna dès l'abord cet affreux reptile dont la morsure est mortelle, nous eussions pu l'avoir vivant, engourdi qu'il était par la pluie et dans un état complet d'inertie.

Un zouave, armé d'une hachette d'escouade, lui asséna un violent coup sur la tête. Son corps se roula subitement en spirales sur lui-même, il sortit un instant de son léthargique sommeil, ouvrant des yeux ardents, se mordit le flanc avec fureur et expira bientôt.

Quelques-uns de nos intrépides arrivèrent vers nous, et on dépouilla le reptile qu'un de nos zouaves, ancien marin que rien ne savait étonner, proposa de mettre dans la marmite. Cette idée, mal accueillie d'abord, piqua la curiosité de certains amateurs et elle fut mise à exécution. Pour ma part, je me contentai ce jour-là de manger mon biscuit sec, laissant aux autres ma part de ce singulier ragoût.

On me donna l'extrémité de la dépouille du reptile dont la queue est ornée de sept grelots de corne dure en forme d'anneaux. J'espère déposer ce trophée au cabinet d'histoire naturelle du collége où j'ai reçu les premières notions de zoologie, dont j'ai si peu profité et qui me seraient si utiles aujourd'hui. Peu de pays sont aussi riches que le Mexique en produits des trois règnes de la nature.

Les grelots adaptés à l'extrémité de la queue du serpent à sonnettes sont enchevêtrés régulièrement l'un dans l'autre quoique indépendants dans leur mobilité ; lorsque le serpent agite son corps, ces anneaux produisent un son sec, une sorte de craquement semblable à celui d'une *raquette* qu'un enfant ferait tourner vivement. Ce bruit paraît suffisant pour prévenir de l'approche de cet épouvantable reptile.

La pluie cessa vers le soir et permit de placer avantageusement les grand'gardes. L'une d'elles située au nord du camp, au débouché d'un bois épais, fût inquiétée toute la nuit par un ennemi invisible ; il y eût plusieurs alertes à la suite desquelles on passa quelques heures sous les armes, par simple précaution.

Pendant la nuit les guerilleros, profitant de l'obscurité, vinrent tirer sans le moindre succès des coups de fusils sur nos petits postes dont ils avaient reconnu les emplacements ; personne ne fut atteint. Le seul ennui que cela nous occasionna fut de nous priver d'un repos qui nous était bien nécessaire. Nous fûmes obligés de recevoir, sans y répondre pour ne point occasionner de fausses alertes, cette agaçante fusillade qui dura jusqu'au jour.

# III

Bivouac en avant de la Soledad. — Le village. — Passage
du Rio-Jamapa. — Arrivée de la colonne du commandant
Morand. — Bivouac sur la rive droite.


On fit séjour sur ce point ; le convoi était disloqué,
les hommes étaient éreintés et les mules ne tenaient
plus debout. Tous nos effets étaient trempés ; on dut
les étendre au soleil. Par extraordinaire, cette journée fut belle. Pendant la nuit un vent sec se leva
qui aida à affermir la route que nous avions à suivre ; elle était dans un état effroyable en certains endroits.

Vers minuit, un Indien moitié nu se glisse dans
les broussailles et parvient en rampant jusqu'à la
grand'garde placée au sud du camp ; on arrête ce
malheureux qui venait de risquer de se faire fusiller
par nos sentinelles embusquées. Il essuya même
deux coups de feu sans résultat fâcheux. Il fut immédiatement conduit, comme espion, au comman-

dant de la colonne qui le fit interroger. Après avoir attentivement examiné autour de lui, l'Indien s'approche mystérieusement, jette encore un regard inquiet sur ceux qui l'entourent, tire de sa chemise en lambeaux un petit rouleau noir, gros comme une allumette, et remet cet objet, demandant si c'est bien au commandant de cette troupe qu'il s'adresse. Cet objet, enveloppé dans une couche épaisse de cire noire, contenait une dépêche du commandant Morand du 2ᵉ régiment de zouaves, qui supposait notre convoi dans les environs de la Soledad. Cette dépêche, réduite au plus petit volume possible, avait été confiée à un malheureux Indien au prix d'une forte somme d'argent qu'on devait lui payer s'il s'acquittait très fidèlement de sa mission. Il avait à faire une course bien périlleuse, en ce moment, car les guerilleros battaient nuit et jour la campagne aux abords des routes et des moindres sentiers ; chaque fois qu'ils prenaient des Indiens porteurs de dépêches françaises, ils les pendaient sans pitié. Une grosse récompense pouvait seule engager ces gens à nous servir. Grâce à ce moyen de communication, qui a presque toujours réussi, l'armée française s'est souvent retirée de positions fort critiques.

Le commandant Morand exposait le cruel embarras dans lequel il se trouvait avec sa colonne composée de deux compagnies du 2ᵉ zouaves et de deux autres du 1ᵉʳ bataillon de chasseurs à pied. Il avait quitté Orizaba depuis vingt jours, se dirigeant rapidement sur Vera-Cruz pour y chercher des vivres qui commençaient à faire défaut à l'armée : on avait déjà commencé à réduire la ration d'un tiers. Surpris au *Chiquihuite* par des pluies considérables, il n'en avait pas moins continué sa route, mais, arrivé sur la rive droite du Rio-Jamapa dont les eaux étaient très hautes en ce moment, tous ses efforts pour franchir la rivière avaient été impuissants. La rive gauche était occupée par une bande nombreuse de guerilleros qui, bien établis dans les fourrés, avaient fait un feu violent sur sa troupe. Les travailleurs, employés à la construction d'une passerelle, n'avaient pu continuer cette périlleuse opération qu'on avait dû abandonner après avoir eu plusieurs blessés. Un sous-officier, victime de son dévouement, s'était noyé en cherchant à porter à la nage un câble sur l'autre rive. Le courant était en ce moment fort rapide. Manquant absolument de vivres et réduit depuis plusieurs jours à faire distribuer à sa troupe la viande de quelques bourricots pris dans un champ, il avait été contraint de regagner le poste du *Chiquihuite* tenu par un bataillon du 99e de ligne. Il avait l'espoir de recevoir là des vivres qui lui permissent de revenir tenter le passage du Rio-Jamapa.

« Si ma dépêche vous parvient, disait le comman-
« dant, tâchez de me le faire savoir et je redescen-
« drai au plus vite occuper la rive droite du *Rio*,
« pendant que vous vous établirez sur la rive gauche.
« Avec nos moyens combinés nous établirons, coûte
« que coûte, un passage pour votre colonne et pour

« la mienne; ma mission est d'une urgence extrême.
« Les vivres manquent à Orizaba. »

C'est à ce moment que le digne chef qui nous commandait et que récemment le terrible *vomito negro* vient d'enlever à l'armée, c'est à ce moment, dis-je, que se révéla toute l'énergie et la volonté de ce beau caractère. Il résolut, sans hésiter et sans perdre un instant, d'envoyer la réponse demandée dont l'importance était si grande. Il ne fallait pas compter pouvoir se servir de l'homme qui venait de la part du commandant Morand; il était exténué par une course de seize lieues.

Le colonel Labrousse cherche parmi les arrieros du convoi un commissionaire qui lui inspire assez de confiance pour s'acquitter de cette importante mission. Les arrieros ne se souciaient nullement, n'importe à quel prix, de faire pendant la nuit un semblable trajet. Il parvient cependant à en décider un, de la probité duquel ses camarades répondirent. On le conduisit sans bruit au bord du fleuve qu'il fallait traverser à la nage. Les eaux étaient grosses, le courant très-rapide, le lit profond et encaissé ; l'Indien hésita d'abord, puis il prit une soudaine ré-solution et se jeta à l'eau. Ces hommes sont rusés et doués d'une grande prudence ; tous leurs actes sont calculés, la finesse est dans leur nature. Le contact de l'Espagnol, en leur apprenant à dissimuler, a dou-blé une ruse et des instincts qu'on serait loin de soupçonner sous cette apparence de bonhomie et de naïve simplicité qu'on remarque chez eux. Notre

courrier, craignant d'être vu par quelque guérillero
embusqué sur la rive opposée, plonge et ne reparaît
plus, feignant de s'être noyé. Tous, dans notre camp,
nous crûmes à la mort de ce malheureux, et nul de
nous n'espéra le voir revenir. Cette triste fin nous
affligea, d'autant plus qu'elle nous privait du seul
moyen que nous eussions pour entrer en communication avec la colonne annoncée. Le colonel Labrousse ne dormait point ; nuit et jour il était sur
pied, cherchant un moyen de surmonter les grandes
difficultés qui semblaient devoir arrêter longtemps
notre marche à la Soledad. En quelques heures il
trouva les moyens de réunir les éléments propres à
installer un passage. Quelle nature ! combien il est
à regretter que l'impitoyable fléau, qui a si largement moissonné dans nos rangs, n'ait pas épargné
ce brillant militaire dont nous avons tous pu apprécier les vertus. Cette mort prématurée a plongé
le 1er de zouaves dans le deuil. Celui qui a écrit ces
lignes professait pour le colonel Labrousse une vénération toute particulière.

Le maréchal Forey lui-même, annonçant au ministre de la guerre la mort de M. Labrousse, dit que
c'est une perte immense, sous tous les rapports, pour
l'armée.

Le jour même on se met à l'œuvre, le génie, aidé
de nos zouaves, commence l'établissement d'une passerelle sur le *Rio*, et le soir, en fouillant dans les bois
qui bordent le rivage, nous trouvons une vieille pirogue indienne faite d'un seul tronc d'acajou. Elle

est toute délabrée, mais quelques soldats entreprennent sur le champ de la réparer. On improvise tout, outils, ferrures, étoupes, goudron etc.

On ne saurait croire combien les soldats des corps qui sont continuellement en campagne ont l'esprit inventif et ingénieux. Sous ce rapport, les corps de zouaves sont incomparables, on ne les verra jamais embarrassés.

Tel zouave, menuisier de profession, fera d'excellent pain lorsque les boulangers viendront à faire défaut, et tel autre qui n'a jamais saigné un mouton se montrera fort habile boucher.

Demandez aux officiers du génie comment nous construisons les ouvrages de campagne qu'ils nous tracent.

En quelques heures la pirogue était remise en état et pouvait servir à nous faire passer sur l'autre rive où, dès le soir même, on plaça une grand'garde destinée à protéger nos travailleurs.

Le magnifique pont de la Soledad, en amont duquel nous établissions notre passerelle, avait été incendié et ruiné quelques jours auparavant par les guerilleros de ces parages. Ils avaient compté nous arrêter ainsi dans notre marche et s'emparer des convois qui étaient dirigés sur Orizaba dont ils connaissaient la position précaire. Jamais ils ne parvinrent à toucher à un de nos convois, mais il créèrent d'immenses difficultés dont nous eûmes à souffrir les premiers.

Le bourg de la Soledad, qui avait acquis, depuis le

mois de février, une certaine célébrité par les con-
férences qu'y tinrent les plénipotentiaires Anglais,
Français, Espagnols et Mexicains, avait, depuis cette
époque, grandement changé de physionomie. Toutes
les habitations du village, toutes les cases des environs avait été incendiées, l'église était dévastée;
partout régnait la destruction. Les gens de la Soledad, que l'on savait être les auteurs l'attaque et de
de la ruine d'un convoi de munitions, avaient été
châtiés par l'incendie de leurs propriétés. Tout était
désert et silencieux dans ce village dont les maisons
sont bien disposées. A en juger par la richesse des
jardins et des cultures voisines, ainsi que par l'ap-
rence des cases, la Soledad avait dû être un séjour
charmant.

On ne remarque pas sans un certain étonnement
que deux maisons assez bien construites sont encore
intactes; elles appartiennent l'une à l'Alcade et
l'autre au curé, français d'origine. Elles avaient été
exceptées de la destruction générale, cet acte de rigoureuse justice qui avait réduit à la misère une
population de plus de deux mille âmes.

Vers six heures du soir, le poste placé en grand'-
garde sur le *cerrito* qui domine la Soledad, près de
la rive gauche du Rio Jamapa, signalait une colonne
conduisant un convoi; grande fut la joie de tous, on
avait reconnu l'uniforme français. Il n'y avait pas de
doute à concevoir, c'était la colonne du commandant Morand. Nous allions enfin pouvoir partager
nos vivres avec nos frères d'armes, nous allions leur

annoncer que nous précédions des renforts considérables venant de France et d'Afrique. Nous allions
contribuer à les arracher à cette pénible situation
qui, par suite du mauvais temps, paraissait devoir
se prolonger encore.

Avant la nuit la pirogue, habilement conduite par
le caporal Pernod du 1ᵉʳ zouaves, ramenait sur la
rive que nous occupions, le commandant Morand et
ses officiers que nous contemplions comme des phénomènes. Ils ont grandi de cent coudées les hommes qui viennent de subir des tribulations comme
celles qu'ils avaient éprouvées depuis près d'un
an. Nous ne cessions de leur témoigner combien
nous avions pris part à leur misère, que nous
désirions soulager au plus tôt. Nous leur fîmes fête,
on transporta à leurs troupes une partie de nos
vivres.

L'indien, envoyé au commandant avec la dépêche,
avait franchi en quatre heures la distance assez
considérable qui nous séparait de cette petite colonne exténuée de fatigue.

Le commandant Morand avait immédiatement résolu de redescendre vers nous, quel que fut le degré
de lassitude de ses hommes.

Le courrier indien avait disparu sous l'eau pour
laisser croire à sa mort; il avait fait quelques pas
au fond du lit de la rivière, s'était accroché aux
branches du rivage fort élevé en cet endroit, et là,
il avait attendu quelques instants, silencieux, respi-
rant par la fente d'un rocher à fleur d'eau ; dès qu'il

avait cru pouvoir sans danger passer sur l'autre bord, il avait recommencé la même manœuvre et enfin, certain du succès, il s'était élancé à travers bois à la recherche de la colonne qu'il atteignit au Chiquihuite, découragée, obligée, faute de vivres, de remonter peut-être jusqu'à Cordova.

Cette journée heureuse pour tous, se termina par la fâcheuse nouvelle de la mort d'un de nos chefs de bataillon qui, le matin même, au bivouac de la *Purga*, succombait aux atteintes de la fièvre jaune.

Le commandant Grivet était à la fleur de l'âge, trente-quatre ans ! un brillant avenir lui était réservé s'il eut vécu ; il avait fait avec distinction les campagnes de Crimée et d'Italie. Sa mort fut vivement sentie par tout le monde ; elle était le prélude des maux qui n'allaient pas tarder à fondre sur nous.

Le lendemain et les deux jours suivants, on continua avec activité les travaux de déchargement, de transbordement du convoi et du passage de la rivière ; on chargea les voitures vides laissées par le commandant Morand, qui prit les nôtres sur la rive gauche. Ensuite il se mit en marche sans délai pour continuer sa route sur Vera-Cruz où il arrivait après deux jours d'un voyage pénible.

Nos efforts pour le passage de la rivière furent couronnés d'un plein succès, car après des travaux, fort rudes à la vérité, notre convoi, la cavalerie et l'infanterie étaient campés sur les plateaux de la rive droite. Une compagnie de chasseurs à pied et une autre de notre colonne, furent dirigées sur Orizaba, en toute célérité, avec le courrier de France que nous apportions, et des farines transportées par cinq cents mulets formant un convoi léger. Cette petite colonne devait faire le trajet dans le plus bref délai ; elle arriva à destination en trois jours, ayant essuyé plusieurs orages et traversé des chemins impraticables.

Notre installation sur la rive droite du Jamapa aurait été satisfaisante si nous ne nous étions trouvés, dans ces parages, dans la saison la plus malsaine de l'année ; il aurait fallu pouvoir exécuter à la lettre les recommandations du ministre de la guerre qui aaiyt prescrit de nous faire traverser rapidement les terres chaudes; nous aurions dû fuir au plus vite ces lieux dangereux. Malheureusement, nos moyens de transport étaient un obstacle ; était-ce bien, d'ailleurs, nous faciliter une marche rapide que de nous encombrer d'un convoi aussi considérable et aussi mal organisé à son départ?

En outre, on venait de donner l'ordre d'établir sur chaque rive des retranchements pour permettre d'occuper définitivement ce poste important, sous peine de voir détruire le lendemain de notre départ les travaux que nous venions d'achever sur la rivière.

Nous séjournâmes cinq jours en ces lieux.

C'est là que notre régiment commença à éprouver les effets de ce cruel climat ; le nombre de nos malades s'accrut sensiblement, nous fûmes à peu près tous pris de fièvres violentes, le temps était très-mauvais; alternativement nous avions pluie, orage, soleil dévorant. Et quelles pluies, grand Dieu! En quelques heures nous avions plus d'eau qu'il n'en tombe en Europe pendant toute une saison.

« Tous les robinets du ciel s'ouvrent à la fois, » disait un de nos loustics.

Le séjour en ces lieux nous fut fatal.

On entreprit de réorganiser le convoi sur un nouveau pied; on allégea les voitures; comme les hommes étaient beaucoup trop chargés, on prit de bonnes dispositions afin de fatiguer un peu moins l'escorte. On allait se remettre en marche lorsque le grand nombre de nos malades devint tout-à-coup un obstacle aussi désolant qu'inattendu. Les hommes tombaient comme foudroyés par ces terribles fièvres qui les saisissaient instantanément. Les plus vigoureux étaient les premiers frappés; une seule compagnie, qui comptait dans son effectif cent-vingt-cinq hommes, eût quatre-vingt malades dès les premiers jours. Les officiers étaient frappés comme les soldats; plusieurs furent atteints si violemment qu'ils se sont ressentis pendant tout le reste de la campagne des suites de ces maladies. C'est surtout dans ces moments de dures épreuves que le moral doit jouer un grand rôle.

Personne n'en manqua depuis notre énergique chef jusqu'au dernier soldat; cependant, avouons-le, tous nous fûmes de prime abord un peu impressionnés. Nous arrivions au moment où le *vomito negro* ravageait le littoral; les premiers symptômes d'une indisposition quelconque, d'un malaise général dont on ne se rendait pas exactement compte, inquiétaient le malade dont la pensée se reportait instinctivement vers le fléau dévastateur. Toutefois nous ne tardâmes pas à être parfaitement rassurés à ce sujet.

L'ambulance provisoire, établie dans une des cases indiennes abandonnées qui se trouvaient sur le plateau supérieur de notre camp, regorgea de malades au bout de deux jours. Nous devons tous un juste tribut.d'éloges à M. le docteur Mouillac, chef de cette ambulance, ainsi qu'aux médecins placés sous ses ordres. M. Mouillac, un des médecins les plus distingués de l'armée, qui a trouvé depuis l'occasion de se faire apprécier par d'autres corps du Mexique, pour son dévouement, son talent et son zèle à toute épreuve dans des moments difficiles, à l'ambulance de la tranchée ou au camp, s'est acquis à la Soledad des titres à la reconnaissance des zouaves du 1er régiment, qui n'oublieront jamais ses soins empressés ainsi que l'aménité de son caractère. Nous étions traités de la manière la plus affable, la plus amicale, malgré l'encombrement de ce petit trou qui servait d'asile aux plus malades. Nous l'étions presque tous ! Le matériel et les médicaments furent bien vite insuffisants pour un si grand nombre d'individus ; le docteur suppléa à tout.

Je fus moi-même atteint subitement, mais le mal, combattu à temps, disparut en peu de jours. Pendant les premières journées de marche j'endurai de dures souffrances ; plusieurs fois, n'en pouvant plus, je fus tenté de me coucher dans la broussaille, m'inquiétant peu du danger qu'il y avait à perdre de vue la colonne, suivie à distance par des groupes de guerilleros. Dans ces sortes de circonstances, la crainte du péril s'efface, on ne tient pour ainsi dire plus à la vie ; mais, quelque abattu que soit le soldat il lui reste toujours assez d'amour-propre pour vaincre ses souffrances et marcher à son rang. Quelles tortures physiques et morales ! Un soleil de plomb nous envoyait pendant ces interminables journées de marche ses rayons verticaux ; à certaines heures de la journée, au moment où le soleil est au zénith de sa carrière, la chaleur est telle qu'on ne peut la comparer qu'à celle d'une fournaise ardente. La respiration manque parfois, on se sent suffoqué, et, si on considère que nous portions tous armes et bagages, plus une bonne provision de vivres de campagne, on se rendra compte des efforts qu'il fallait faire pour marcher.

Il n'y avait dans toute la colonne que quatre mulets de cacolet, déjà occupés par des malheureux en fort mauvais état.

Il n'était donc même pas permis de conserver l'espoir que, si les forces venaient à nous abandonner totalement, on pourrait nous faire transporter. On fit dans ces marches des miracles de résolution et d'énergie.

Vos jambes se refusent à vous porter ; il faut cependant marcher encore pendant plusieurs heures avec un sac fort lourd sur le dos. Si vous faiblissez, si vous vous arrêtez, aurez-vous le courage suffisant pour vous relever ? Votre mort est certaine.

Un de nos hommes, dans une semblable circonstance, fut soudain pris d'un découragement profond; il s'arrêta dans un fourré et se tira à la tête un coup de carabine ; malheureux jeune homme ! il n'avait pas vingt ans ; le mal l'avait rendu fou !

Que de fois les officiers, loin de rudoyer les soldats qui, épuisés, étaient sur le point de s'arrêter, sont venus, fatigués eux-mêmes, malades comme nous, leur adresser des paroles bienveillantes, les encourageant à faire encore quelques efforts, assurant que le point sur lequel on devait camper était proche, employant tous les moyens de persuasion pour calmer les maux de ceux que la souffrance accablait. Il faut voir combien nos relations avec nos officiers dans les corps de zouaves diffèrent de ce qu'elles sont dans les régiments qui ne vivent pas continuellement sous la tente !

Les troupes qui sont sans cesse en campagne ont une discipline particulière; elle est aussi ferme au fond, mais elle est plus familière en apparence. Notre dévouement pour nos officiers dans les circonstances critiques va jusqu'au sacrifice de la vie ; nous aimons sincèrement nos officiers, et c'est à tort que certaines gens, qui n'ont jamais cherché à s'affranchir d'un préjugé aussi ridicule qu'injuste et malveillant, prétendent que les zouaves sont sans

discipline. Ils nous jugent *de visu*, à notre air parfois un peu conquérant et à nos allures souvent trop
dégagées. Ce maintien cependant nous a valu de la
part de plusieurs personnes d'esprit une toute autre
appréciation.

Demandez à nos officiers si, en marche, au camp,
ou sur le champ de bataille, ils ont jamais eu à regretter d'avoir été indulgents envers nous pendant
les rares séjours de garnison? Car le zouave est
presque continuellement en expédition, en marche
ou aux travaux de route.

## IV

Bivouacs de Palo-Verde. — Camarone. — Combat glorieux
d'une compagnie de la légion étrangère française. —
Attaque d'un convoi par les guerilleros près de Palo-
Verde.


Nos malades firent un effort suprême pour se remettre en marche avec le convoi ; nous devions aller
bivouaquer à Palo-Verde distant d'environ vingt-et-
un kilomètres ; la chaleur était accablante. A cette
époque, la plus chaude de l'année, qui rend les
marches terribles, le soleil est on ne peut plus dangereux. Tout homme frappé d'insolation est perdu.
Malgré ces périls que l'on n'ignorait pas, nous
dûmes passer outre à cause de l'urgence de notre
arrivée.

Pendant cette étape, je me trouvais à l'extrême
arrière-garde, exténué moi-même, et je pus être
témoin des souffrances navrantes qu'enduraient nos
malades au nombre de plus de deux cents.

En arrivant à Palo-Verde, on s'aperçut que l'eau

scrait insuffisante, et il fut décidé que l'on irait bivouaquer à Camarone à six kilomètres plus loin.

Palo-Verde est un lieu de campement convenable, au bord d'un ruisseau presque à sec en ce moment. Les environs sont très-boisés et servent de refuge à de nombreuses bandes. Le 28 du mois de janvier, un de nos convois fut attaqué sur ce point par une nombreuse guerilla que battit la petite escorte qui l'accompagnait depuis la Soledad. Le peloton du 3e régiment de chasseurs d'Afrique, sous les ordres de M. le sous-lieutenant Jantet, un brave et brillant officier, chargea la cavalerie ennemie et culbuta tout pendant que la compagnie de tirailleurs algériens canardait à brûle-pourpoint les fantassins ennemis qui essayaient de couper le convoi. La belle conduite de cette troupe fut mise à l'ordre du jour de l'armée.

Nous arrivâmes tard au *pucblito* de *Camarone* qui était à moitié incendié et entièrement désert.

*Camarone!* ce nom retentissait glorieusement et douloureusement à la fois dans l'armée du Mexique quelques mois plus tard, à la suite du glorieux fait d'armes d'une compagnie de la légion étrangère.

Le 30 avril 1863, le colonel mexicain Milan, ayant appris qu'un grand convoi d'artillerie de siége devait sortir de la Vera-Cruz pour se concentrer à la Soledad d'où il devait être dirigé sur Puebla, rassembla en toute hâte deux mille hommes de la guerilla de la terre chaude et des bataillons réguliers de Cordova, de Jalapa et de Vera-Cruz, qui étaient répandus dans ces parages. Son intention était de se poster entre Palo-Verde et Camarone, pour essayer d'enlever le convoi et mettre la main sur une somme de trois millions que le payeur de Vera-Cruz envoyait au trésor de l'armée devant Puebla.

Le 30 avril au matin, cette colonne ennemie était campée à la Goya, à deux lieues des postes français. La concentration de ces troupes, sur ce point si rapproché de nos lignes, avait été fort habilement faite, et organisée surtout avec une telle rapidité, qu'au poste de Pazo-del-Macho on ne s'en douta pas du tout.

Ce même jour une compagnie du régiment étranger aux ordres du capitaine Danjou, ayant seulement un effectif de soixante-deux hommes, partait du Chiquihuite à une heure du matin avec mission d'explorer la route et ses environs jusqu'à Palo-Verde distant de six lieues.

Arrivé à la hauteur de ce village, on s'arrêta pour faire le café, il était sept heures du matin. Le colonel mexicain avait eu de bonne heure connaissance de la marche de cette troupe française. On avait compté nos hommes, on savait qu'ils étaient peu nombreux ; Milan résolut de les enlever pour arriver à exécuter son coup de main sur le convoi dont il connaissait toute l'importance.

Vers huit heures du matin, la cavalerie ennemie parut devant Palo-Verde, au nombre d'environ cinq cents hommes. Elle se posta sur la route afin de la barrer entièrement. Le café n'était pas encore ache-

vé; le capitaine Danjou fit aussitôt sonner le ralliement, renverser les marmites et charger le campement. Il se mit en retraite en colonne, prêt à former
le carré contre la cavalerie dans le cas d'une charge
de celle-ci contre sa faible troupe ; il envoya quelques hommes en tirailleurs et s'engagea à droite de
la route, dans les broussailles offrant un obstacle aux
charges de ces masses de cavaliers.

L'ennemi se retira. Le capitaine Danjou se dirigea
rapidement sur Camarone. Ce village lui parut être
occupé par l'ennemi, car, en arrivant, un de ses hommes fut blessé par un coup de feu parti d'une des
maisons situées à droite de la route. On fouilla aussitôt les maisons ; on n'y rencontra personne.

Le coup de feu tiré à l'approche de la troupe était
sans doute un signal, car au même moment l'ennemi
reparut en grand nombre sur la droite. Danjou sort
de Camarone et va droit à lui ; l'ennemi céda d'abord
le terrain, mais à une distance de quelques centaines
de mètres la compagnie fut entièrement cernée. Le
chef ennemi avait pris position avec sa cavalerie
régulière entre les nôtres et le village, il chargea
vigoureusement et fut repoussé par le feu de ce petit
carré. Pendant un moment de répit, notre colonne
gravit un petit talus qui longe la route à gauche, et
rentra dans le village.

Là elle se reforma en ordre ; elle fut de nouveau
chargée ; cette seconde charge fut repoussée comme
la première. Nos braves soldats furent dirigés vers
les maisons au sud de la route, et durent se faire

jour à la baïonnette au milieu de la cavalerie ennemie.

On se retrancha dans une maison dont on voit aujourd'hui les murs criblés de balles, attestant la résistance désespérée de cette poignée de braves.

Cette maison se compose d'une cour carrée d'environ cinquante mètres de côté. Un corps de bâtiment est adossé à la face qui longe la route ; les chambres communiquent par des fenêtres et des portes d'un côté avec la route, de l'autre avec la cour. A l'intérieur, tout au fond de la cour, se trouvent des hangards ouverts et ruinés depuis longtemps. Les quatre faces de cette maison sont orientées aux quatre points cardinaux.

Le capitaine Danjou occupa d'abord la cour et la chambre située à l'angle Nord-Ouest en même temps que l'ennemi prenait possession de la chambre Nord-Est ; cette chambre ne communique avec la cour que par une fenêtre ; elle a sur la route une grande ouverture sans porte.

Les deux grandes entrées de la cour furent barricadées et gardées par quelques hommes ; d'autres furent postés à la chambre Nord-Ouest et aux ouvertures du bâtiment qui avaient vue sur la cour. On mit un poste à la défense d'une brèche ancienne située à l'angle Sud-Est, et le reste de la compagnie se plaça sur les toits.

A neuf heures la défense avait été organisée le plus habilement possible.

L'ennemi, confiant en son grand nombre, somme

d'abord le capitaine Danjou de se rendre avec sa troupe. Il lui est répondu en des termes qui ne lui laissent aucun doute sur la détermination de ces vaillants soldats ; aussitôt le feu commence partout à la fois.

Danjou se multiplie, il anime tous ses soldats, se porte à chaque point menacé ; il fait promettre à sa troupe de mourir plutôt que de se rendre, et bientôt cet héroïque officier tombe percé d'une balle dans la poitrine ; il expire sans avoir la force de prononcer une seule parole.

La mort du capitaine Danjou enlevait à l'armée un des officiers les plus brillants par son courage et son savoir.

Puisse le nom de ce jeune héros ne jamais tomber dans l'oubli, mais que sa conduite serve d'exemple à ceux que séduit la carrière des armes !

Le sous-lieutenant Vilain prit le commandement et renouvela avec ses hommes le serment de mourir plutôt que de capituler. La défense se continua avec la même énergie. A midi on entendit le tambour et les clairons ; une lueur d'espérance vint ranimer ces vaillants soldats ; on crut à l'arrivée d'un secours. Mais, hélas! cette illusion ne dura que quelques instants ; c'étaient des bataillons réguliers mexicains qui venaient ajouter le poids de leurs armes dans cette lutte déjà si inégale.

L'ennemi parvint à faire brèche dans le mur qui fait face à la porte d'entrée. Cette brèche large de trois mètres permettait de faire feu à revers sur les défenseurs des portes principales. Une autre brèche pratiquée dans le mur de la chambre occupée par l'ennemi lui donnait vue dans toutes les parties de la cour.

Là était le point le plus dangereux de toute la défense. Vers deux heures, le sous-lieutenant Vilain tomba mortellement frappé d'une balle au front, au moment où il encourageait, par l'exemple de sa bravoure incomparable, ses soldats à la lutte.

Cet intrépide officier sera longtemps l'objet des regrets de ceux qui l'ont connu.

Le commandement fut pris par le dernier officier survivant, M. Mandet, porte-drapeau du régiment, qui avait sollicité la faveur de faire partie de cette reconnaissance.

Il faisait une chaleur accablante ; la troupe n'avait pas mangé depuis la veille, et personne n'avait bu depuis le matin. Ce que souffraient les blessés mourant de soif était affreux à voir ; il était impossible d'apporter le moindre soulagement à leurs maux. On eut recours à tous les expédients qu'impose en pareil cas la dure nécessité pour tromper la soif. Quelques-uns buvaient leur sang !

Vers deux heures, l'ennemi fit une nouvelle sommation qui fut plus mal accueillie que la première. Il prit alors une résolution extrême : accumulant de la paille vers l'angle nord-est, devant la face nord et sous les hangards extérieurs, il y mit le feu. Le vent portait vers la cour ; la fumée aveuglait nos soldats et ajouta de nouvelles souffrances aux terribles angoisses de la soif.

Malgré tout, on se maintint jusqu'au soir en se disputant les créneaux et les brèches.

Vers cinq heures, il y eut un moment de répit; l'ennemi massa son infanterie à l'abri d'une maison, et leur chef adressa à ces misérables un discours qu'un soldat de la légion, espagnol d'origine, traduisit ainsi : « Il est temps d'en finir avec ces exécrables « Français qui sont réduits à quelques hommes épui- « sés ; ce sera une honte ineffaçable pour nous Mexi- « cains, si nous ne parvenons à prendre ceux qui « restent. Donnóns un dernier assaut et enlevons la « maison. »

L'attaque fut reprise aussitôt : l'ennemi se précipita dans la cour par toutes les ouvertures à la fois; les hommes placés à ces ouvertures furent entraînés par la masse, malgré leur défense désespérée.

M. Mandet avec sept hommes s'était retiré entre les deux portes de la cour, dans les débris d'un hangar ruiné ; il s'y défendit encore jusqu'à ce que ses hommes fussent réduits à leur dernière cartouche. Désormais tous ses efforts étaient inutiles; il le comprit, et les larmes aux yeux, il fit envoyer à l'ennem la dernière balle, et voulut se faire tuer en chargeant à la baïonnette.

Au moment où, à la tête de ses hommes, il se précipitait hors du hangar, tous les fusils de l'ennemi étaient braqués sur lui ; le fusilier Gatteau se jeta

7.

devant son officier pour lui faire un rempart de son corps et tomba foudroyé.

M. Mandet lui-même était gravement atteint de deux coups de feu.

L'ennemi se précipite et prend tout ce qui respire encore. Il était six heures du soir. Cette troupe de héros avait résisté douze heures à un ennemi trente fois supérieur en nombre.

Nos pertes dans ce combat furent de trois officiers tués, car M. Mandet mourait quelques jours après à Huatusco des suites de ses blessures ; vingt sous-officiers et soldats tués pendant l'action et sept morts des suites de leurs blessures ; seize sous-officiers et soldats blessés.

L'ennemi eut deux cent quarante tués et cent soixante-seize blessés.

Noble défaite plus glorieuse que le succès de l'ennemi qui, devant une pareille résistance, ne sut pas comprendre ce qu'elle avait d'héroïque et n'eut pas honte de brûler ceux que leurs balles ne pouvaient atteindre !

« Honneur à cette brave compagnie, dit le général
« en chef dans son ordre du jour à l'armée, honneur
« à ces braves dont la conduite en ce combat assure
« un glorieux retentissement partout où l'on sait
« comprendre ce qu'a de sublime le sentiment du
« devoir poussé jusqu'au mépris de la mort ! »

On campa au milieu du village ; les voitures du convoi furent parquées au centre. Nous mîmes le temps à profit pour explorer les jardins environnants. Nous y cueillîmes des oranges et des citrons petits, fins et d'une saveur exquise. Les oranges n'arrivent jamais à complète maturité; elles sont mauvaises.

Les environs de Camarone sont boisés et couverts d'arbres fruitiers de toutes sortes :

Le bananier dont la plante produit une masse de substance dans un si petit espace de terrain; chaque régime contient de cent à cent cinquante fruits. C'est bien l'arbre de la Providence des Indiens. L'ananas, le goyavier, le caféier, le cacaotier, l'avocatier et autres arbres originaires d'Amérique.

Au loin, on voit d'immenses prairies habitées par des troupeaux de chevaux sauvages qui s'enfuient à notre approche : plus loin de nombreux groupes de bœufs de haute taille qui paissent au milieu d'abondants pâturages. Cette campagne si insalubre est d'une fécondité remarquable : la végétation y est luxuriante ; tout y vient sans la participation de l'homme. L'indien de ces contrées peut facilement vivre sans travailler; il trouve partout dans les champs une nourriture plus que suffisante. Cependant ce pays si riche est désert ! Les voleurs et les bandits l'exploitent à leur profit, rançonnant ceux qu'ils rencontrent sur les routes, et pillant les quelques cases qu'ils trouvent sur leur passage.

Quel avenir peut être réservé à un pays si fertile qu'il soit, s'il est à la merci d'une bande de gueux commettant toutes sortes de méfaits, certains qu'ils sont de l'impunité ? Parviendra-t-on à y implanter une population assez nombreuse pour s'y organiser et se défendre? L'insalubrité du climat dans toute la terre chaude sera sans doute pour longtemps encore un obstacle difficile à surmonter.

Quoiqu'il en soit, ces contrées prospéreraient si les Indiens avaient la certitude de n'y être pas inquiétés.

V

Bivouacs de Passo-Ancho, de Chiquihuite et de l'Atoyac.


Dès la pointe du jour on se mit en marche pour
Passo-Ancho. La chaleur se faisait vivement sentir
dans les marécages qui nous environnaient ; des
miasmes infects se levaient des hautes herbes que
nous foulions à droite et à gauche de la route ; nos
voitures marchaient lentement dans des chemins en-
vahis par les eaux des ruisseaux sans lit qui arrosent
ces prairies fertiles.

Vers trois heures nous arrivâmes au bivouac situé
sur un plateau au pied duquel serpente un petit
cours d'eau. Nous courûmes tous, armés de nos bi-
dons, à ce ruisseau dont l'eau claire et limpide sti-
mulait notre soif. Il nous arrivait si souvent, depuis
quelques jours, de n'avoir à boire que l'eau crou-
pissante des marais, source de la majeure partie
de nos maladies, que nous nous régalâmes de
cette eau fraîche, comme d'une véritable friandise.

Dans un bouquet d'arbres auprès duquel notre

camp était établi, nous fîmes la chasse aux ignanes, lézards couleur vert doré, fort inoffensifs, longs d'environ un pied ; leur chair blanche passe pour être fort délicate. On fit de bonnes fricassées de ce singulier gibier que l'on dit doué d'une saveur très-fine. J'avoue que ce ne fut pas sans une certaine répugnance que je donnai le premier coup de dent à ce mets nouveau pour moi. Cependant je trouvai cette chair délicate et savoureuse. Je l'aurais certainement mieux appréciée si je n'avais pas connu la forme de l'animal avant qu'il fut dépouillé.

Les œufs sont réputés excellents ; les gourmets en vantent la sauce et la préfèrent à celle des œufs de homard. La fécondité de la femelle de l'ignane est surprenante ; on trouve souvent dans son ventre vingt-cinq à trente œufs gros comme ceux du pigeon. A la nuit, un orage considérable nous assaillit ; nous fûmes inondés ; un vent violent menaça d'arracher nos tentes, le sol sur lequel elles étaient dressées étant détrempé par la pluie. Il ne fut pas possible de dormir un instant.

Avant le jour on leva le camp pour se remettre en route pour Passo-del-Macho, poste qu'un ordre récent prescrivait de faire occuper par deux de nos compagnies. Le nombre de nos malades avait augmenté pendant la journée et la nuit précédente, au point que, pour continuer la marche, on dut les faire monter sur les voitures. Plusieurs de ces malheureux faisaient pitié à voir ; le plus grand nombre était dans un état alarmant.

On arriva au bivouac à la nuit ; toute la colonne était exténuée de fatigue, car cette marche lente par une chaleur excessive nous éprouvait plus qu'une longue étape faite au pas de route.

Passo-del-Macho (passage du mulet) est un bourg abandonné depuis l'arrivée de l'armée française ; toutes les populations avaient fui leurs demeures, soit par crainte d'être maltraitées par nous, soit qu'elles y eussent été contraintes par le parti libéral. Toutes les cases étaient occupées par les deux compagnies du 99ᵉ de ligne qui gardaient ce poste. Le village est assez insignifiant, mais les cultures des alentours sont remarquables par leur abondance. Toutes les campagnes environnantes, couvertes de végétation, d'arbres fruitiers et d'innombrables troupeaux de chevaux et de bœufs, étaient désertes. Aux abords de la route et dans les jardins on voit de beaux mangotiers dont lé fruit succulent et parfumé nous causa grand plaisir. Les bananiers poussent partout dans les champs et donnent des produits abondants et savoureux.

De Camarone à Passo-Ancho, de ce point à Passo-del-Macho, toutes les cases qui se remarquent çà et là au bord de la route ont été brûlées depuis peu. Nous n'avions vu que le spectacle de la destruction la plus triste depuis Vera-Cruz jusqu'ici. Nos yeux n'avaient pas encore rencontré un hameau habité.

Nous étions vivement attristés en songeant à la misère des malheureux Indiens qui avaient été victimes de ces actes de violence barbare. Où étaient passées les pauvres populations de ces riches campagnes? Les hommes avaient été enrôlés de force dans l'armée de Juarez, les femmes et les enfants étaient peut-être morts de faim et de misère.

Le matin, avant notre départ, nous avions été agréablement surpris par le magnifique spectacle qu'offre le paysage à Passo-Ancho. Dans le lointain apparaît un splendide rideau de montagnes boisées que domine le pic neigeux d'Orizaba dont l'aspect est des plus imposants. A sa droite le Coffre de Perote, gris et sombre. Nous avions devant nous le premier contre-fort oriental de la cordilière, le premier gradin à franchir pour aller vers l'intérieur.

Rien de plus curieux que l'examen du profil de la route que nous suivions. De Vera-Cruz à Puebla et de ce point à Mexico, la route paraît être un immense escalier dont chaque gradin a vingt lieues de largeur. C'est cette configuration du sol qui y explique les différences si tranchées du climat et des cultures à des distances cependant peu éloignées.

Je ne saurais dépeindre la joie qu'éprouvèrent les soldats du 99e de ligne lorsqu'ils nous virent arriver ; ils occupaient le poste de Passo-del-Macho depuis un mois. Le nombre de leurs malades était grand ils racontèrent qu'ils avaient beaucoup souffert Enfin le temps des épreuves était passé pour eux tandis qu'il ne faisait que commencer pour nous.

Au centre du village, à droite de la route, se remarque une vieille tour convertie en observatoire depuis l'occupation de ce point.

Sa base est couronnée par une redoute fort bien établie qui doit servir de refuge au détachement s'il vient à être attaqué par un ennemi par trop supérieur en nombre. Cet ouvrage de campagne a également pour objet la défense d'un beau pont en maçonnerie qui se trouve situé dans le prolongement de la route à environ cent mètres au-delà du village. Les guérilleros ont déjà vainement tenté de le détruire; c'est une construction espagnole fort solide qui date des premiers temps de la conquête.

Le pont de Passo del Macho est de la première importance pour nos communications et nos convois. Il est hardiment jeté sur un ruisseau fort encaissé, dont les berges à pic, dont les rochers ont dix ou douze mètres d'élévation.

La cavalerie indigène du général Marquez a établi également un poste d'observation sur l'autre rive ; ses feux se croisent avec ceux de la redoute.

Nous vîmes là, pour la première fois, une troupe mexicaine ; c'était des *Lanceros* (lanciers). Notre première impression fut une envie irrésistible de rire, à la vue de ces guerriers en guenilles. Figurez-vous une réunion de trente-cinq à quarante hommes de toutes couleurs, nu-pieds, déguenillés, sales à faire peur, vêtus à demi de mauvais pantalons de toile blanche, de chemises en lambeaux, et couverts de chapeaux de paille, noircis par la crasse. Jamais nous n'eussions cru voir une troupe de cavalerie régulière, si le chef, par un sentiment d'amour-propre militaire qu'il ne communiquait certainement pas à ses soldats, et peut-être aussi pour nous obliger à rendre les honneurs à son poste, n'eût fait prendre les armes à ses hommes, au moment de notre passage.

. L'un avait un grand sabre, un autre un mousqueton, un autre était armé d'une longue perche au bout de laquelle était fixé un fer de lance.

Le harnachement des chevaux était placé en une seule ligne devant le poste; quelques lances avec l'oriflamme aux couleurs nationales étaient fixées en terre devant les selles. De maigres haridelles, qui paissaient aux environs, étaient les montures de cette troupe que l'on nous dit fort sérieusement être la cavalerie d'élite de nos alliés.

Nous fûmes immédiatement édifiés sur l'éclat qui devait distinguer le reste de cette armée.

Depuis la Soledad la route monte sans cesse par une pente presque insensible. Nous approchions des montagnes dont le pied est arrosé par le Chiquihuite, rivière torrentueuse dont les eaux sont malsaines. Nous étions à environ 800 mètres au-dessus du niveau de la mer. Nous avions enfin atteint la région du chêne vert, arbre protecteur au pied duquel s'arrête, dit-on, comme par enchantement le terrible *vomito*.

Un merveilleux panorama se déroulait devant nous. Au lieu de ce vent brûlant des terres chaudes, une brise agréable nous venait des défilés de ces montagnes; nous respirions plus à l'aise. La beauté du paysage nous fit un instant oublier que ces lieux

nous avaient été dépeints comme extrêmement in-
salubres.

Hélas! peu de jours après nous étions revenus à
la triste réalité.

Une décision du général en chef prescrivait de
relever tous les huit jours les troupes établies dans
ces postes. Leur grande insalubrité avait motivé
cette mesure qui fut exécutée jusqu'à notre arrivée.
Comment se fit-il qu'on nous laissa séjourner deux
grands mois dans ces lieux mortels?

La route par laquelle on gravit le flanc de la montagne est fort belle dans tout le défilé du Chiquihuite; elle témoigne de l'habileté et des soins avec
lesquels les Espagnols construisaient leurs principales voies de communication. Sur une étendue
d'environ trois kilomètres la pente est très-raide;
mais les lacets sont tracés avec intelligence à travers des forêts impénétrables, sur un sol rocheux
tout blanc. La voie est pavée de larges dalles dans
toute son étendue, et bordée d'un garde-fou en maçonnerie sur le côté gauche. Au fond d'un ravin
boisé, à cent mètres plus bas que la route, l'Atoyac,
torrentueux et bruyant, roule ses eaux chargées de
sulfate de cuivre.

Cette partie de la route serait magnifique si elle
était entretenue, mais, de même que toutes les autres
voies de communication au Mexique, elle porte le
signe d'une prochaine destruction. Cependant les
fonds ne devraient point faire défaut au gouvernement pour réparer les voies publiques; à l'entrée de

chaque ville, de chaque bourg on perçoit des péages onéreux pour leur entretien. Un cavalier, pour avoir le droit seulement de circuler sur la route à cheval, paie une contribution très forte chaque fois qu'il entre dans la ville ou le village.

L'improbité des gouvernements et de ses agents absorbe tous les revenus.

Miramon, en 1859, s'empara des défilés de Chiqui-huite pour communiquer plus rapidement avec Vera-Cruz siége du gouvernement de Juarez son rival ; depuis cette époque on y entreprit quelques travaux ; on établit des batteries sur des points mal choisis d'ailleurs. Les positions de Chiquihuite sont d'une défense extrêmement facile qui fait de cette voie une bonne route stratégique. Celle par Perote est également importante à cause des travaux de ortification qui la défendent depuis *Puente-Nacio-nal*, mais elle offre l'inconvénient d'être beaucoup plus longue.

Les troupes mexicaines commençaient à fortifier les positions de Chiquihuite au moment de l'arrivée de l'armée française. On voit encore au débouché du défilé des terrassements inachevés, des plate-formes pour recevoir de l'artillerie; au bord de l'Atoyac, on voit encore des canons renversés sur la route, les affûts brisés, les projectiles épars.

Un de ces canons, fondu à Séville sous le règne de Philippe IV, est orné d'arabesques et de dessins fort curieux.

On remarque sur l'Atoyac un pont en pierre dont

le tablier en charpente paraît de construction récente. Lorsqu'après la retraite du général de Lorencez sur Orizaba, on vint occuper de nouveau ces défilés qu'occupaient déjà des troupes ennemies, le tablier en pierre de ce beau pont venait de sauter par la mine. Le corps du génie dut le remplacer, non sans de grandes difficultés, par d'immenses madriers. Ce travail fut exécuté avec une solidité et une habileté telles que depuis cette époque aucune réparation considérable n'a été nécessaire.

On voit au tournant de l'Atoyac les restes d'une passerelle établie par Miramon en 1860, lorsqu'allant mettre le siége devant Vera-Cruz, il trouva le pont ruiné.

Les troupes du 99e de ligne, que nous relevions au Chiquihuite et à l'Atoyac, étaient établies dans des baraques construites depuis peu, et déjà le soleil et la pluie avaient disjoint ou fait craquer les planches dont elles étaient composées. Tous ces abris étaient inhabitables. Nous dûmes les évacuer pour camper sous la tente-abri. Nous étions dans des sites charmants, pleins d'une séduction trompeuse. Qui de nous eût pu se douter, s'il n'eût été prévenu, que nous étions au milieu d'un foyer d'infection où en moins d'un mois nous étions tous empoisonnés ? Les détritus végétaux, qui couvrent la surface du sol dans ces forêts épaisses, pourrissent sous l'action combinée du soleil brûlant et des pluies torrentielles qui tombent dans l'après-midi à cette époque de l'année ; le matin des vapeurs épaisses, infectes, s'élèvent du

8.

fond des vallées ; sous l'influence des miasmes que nous respirions continuellement, nous fûmes tous atteints en peu de jours de ces fièvres qui ruinèrent la santé des plus vigoureux d'entre nous. L'époque de notre arrivée en ces lieux était la plus dangereuse de l'année ; ces fièvres avaient un caractère d'une violence d'autant plus intense qu'elles frappaient des individus qui n'étaient pas encore acclimatés.

Les quelques cas de fièvre jaune qui s'étaient produits parmi nous depuis la Vera-Cruz avaient un peu frappé les esprits, et cette impression ne disparut pas de longtemps encore. D'ailleurs, on nous indiquait ces contrées comme les plus malsaines de la province. L'insalubrité du climat y est telle que la population a péri plusieurs fois en entier et qu'elle ne s'y est plus renouvelée. C'est encore aujourd'hui le séjour qui effraie le plus les Indiens cultivateurs du district de Cordova ; cependant la terre y est couverte d'une riche végétation, de forêts épaisses ; toutes sortes de fruits y viennent en abondance.

Je n'essaierai point de décrire les misères que nous éprouvâmes pendant les deux mortels mois que dura notre séjour au Chiquihuite. Tous nos officiers et nos soldats, sans exception, furent atteints plus ou moins violemment, les uns de fièvres, les autres de dyssenteries ; ces deux maladies étaient également graves parcequ'on ne pouvait les traiter qu'imparfaitement. Nous étions sans abri contre les averses de chaque après-midi, car nous avions dû évacuer nos baraques que nous ne pûmes pas parvenir à réparer. Le matin le soleil nous grillait de ses rayons ardents. Les insectes de toutes sortes nous dévoraient. Les moustiques nous faisaient souffrir un supplice perpétuel en nous poursuivant nuit et jour. Les maringouins s'abattaient sur nous avec acharnement ; ils disparaissaient au lever du soleil et revenaient par essaims après son coucher. Leur piqûre cause une douleur aussi cuisante qu'une brûlure, elle laisse pendant plus d'un mois une tâche bleuâtre qui devient une plaie très-difficile à guérir si on ne sait résister à la démangeaison qu'elle cause. Enfin des fourmis rouges, énormes, voraces à l'excès, qui envahissaient nos effets, nos tentes et se glissaient partout, venaient augmenter les supplices de la nuit. Et comment les éviter ? elles pullulaient partout par bandes, émigrant chaque jour à la suite des pluies qui envahissaient leurs fourmilières. Leurs morsures sont fort venimeuses et très-difficiles à cicatriser.

Leur voracité est telle que je me suis laissé dire dans le pays par des gens dignes de foi qu'elles avaient dévoré un homme ivre, endormi au pied d'un arbre. En quelques minutes l'intérieur du corps de ce malheureux avait été envahi par des milliers de ces fourmis qui avaient pénétré par les narines, les oreilles et la bouche. Le Dante, dans son enfer, a oublié ce supplice dont la pensée seule fait frémir.

D'énormes scorpions velus, hideux, se glissaient parfois sous nos vêtements, dans la tente. Plusieurs soldats furent atteints de leurs morsures qui produisirent des désordres graves.

Le lecteur n'ignore pas, sans doute, que le soldat en campagne couche toujours sur le sol. Que l'on se représente, après cela, si ceux d'entre nous qui se portaient bien pouvaient eux-mêmes dormir tranquilles dans des lieux si bien habités. Quelques-uns parmi nous passèrent un mois entier sans goûter le moindre sommeil; je ne pense pas que les forces de l'homme le plus robuste puissent aller au-delà. Nos campements prirent l'aspect de véritables ambulances, où, nuit et jour, on n'entendait que les plaintes des malades manquant trop souvent des médicaments nécessaires, couchés par terre sous de mauvais abris.

Plusieurs moururent au camp même, et ces décès, tout en répandant la tristesse parmi les bien portants, causèrent un certain effroi aux plus malades.

Notre second bataillon, qui était resté à la Soledad pour effectuer le passage à gué de la rivière, arriva quelques jours après en fort mauvais état lui-même, ayant laissé plus de cent cinquante malades à l'ambulance. Mais il allait se rétablir à Cordova, tandis que nous allions respirer pendant deux mois encore l'air empoisonné de ces parages.

Ces deux bataillons de zouaves, si beaux naguères à Vera-Cruz, faisaient pitié à voir en ce moment. Les hommes qui n'étaient pas malades avaient un teint jaunâtre de mauvais augure. L'alimentation commençait à être défectueuse; le vin avait complètement disparu de nos distributions. La privation continuelle du vin est dure à supporter en campagne, surtout lorsqu'on manque d'eau saine et potable. Celles du Chiquihuite et de l'Atoyac, étant chargées de sulfate de cuivre, donnaient d'atroces coliques. Les médecins nous recommandèrent de ne jamais les boire crues ; nous fîmes des infusions de feuilles d'oranger.

Le général Forey arriva enfin avec de nouvelles troupes de renfort. Nous espérions qu'au moment de son passage dans nos camps, touché du piteux état dans lequel nous étions, le général en chef nous ferait relever par des troupes nouvellement débarquées, mais nous eûmes d'amères déceptions à endurer. Toute l'armée défila devant nous se portant en avant. Nous étions désignés pour garder la place et le district de Cordova dont dépendaient les postes du Chiquihuite, jusqu'au moment des opérations sur Puebla.

Nous vîmes passer un bataillon de chasseurs à pied qu'on avait eu la fatale idée de laisser séjourner pendant une quinzaine de jours à Vera-Cruz dans un moment de recrudescence des maladies qui désolent cette ville. Ce bataillon, au moment de son débarquement comptait plus de 800 hommes ; il n'en avait plus dans les rangs, un mois après, que 250 ; encore ces hommes étaient-ils souffrants pour la plupart L'aspect déplorable de cette troupe nous attrista profondément. Grand nombre de ces malheureux étaient étendus le long de la route, ne pouvant se traîner plus loin ; un d'eux expira au milieu du chemin ; un autre démoralisé par la souffrance se

donna volontairement la mort ; d'autres enfin vinrent
rendre le dernier soupir dans notre campement.
Jamais je ne pourrai oublier l'état de démoralisation
dans lequel ce corps était plongé. Nous vîmes des
officiers qui, ne pouvant trouver un homme valide
pour les servir, allaient eux-mêmes chercher leurs
bagages aux voitures du convoi et aidaient à la préparation de leurs repas.

M. Mancel colonel d'état-major tomba malade, et
ne put suivre plus loin le général en chef ; il s'arrêta
dans un de nos postes du Chiquihuite, et vint mourir dans la tente de notre chef de bataillon.

Que le lecteur me pardonne le récit lamentable et
non exagéré de toutes ces tribulations, je ne puis être
exact dans ma relation si je supprime ces détails
navrants.

Oui, jusqu'au jour de notre départ du Chiquihuite,
nous eûmes beaucoup à souffrir, mais notre existence fut tout autre dès que nous eûmes quitté ces
postes pour nous rendre à Cordova où se trouvait,
depuis deux mois, notre deuxième bataillon avec
l'état-major du régiment.

Cet ordre, si longtemps attendu, arriva enfin. Il
était temps ; nous n'avions plus que la moitié de nos
hommes présents dans les rangs.

## VI

Hacienda de Potrero. — Cordova. — Cuahutlapan. — Orizaba.


A partir du pont de l'Atoyac la campagne change tout-à-coup d'aspect ; on commence à voir de belles cultures bien entretenues ; le pays parait plus animé, les cases des Indiens sont habitées, la route est plus facile et plus gaie, enfin on voit un peu de population.

Jusque là nous n'avions encore eu que la solitude la plus triste.

A mi-chemin du Chiquihuite à Cordova, se trouve la belle hacienda du Potrero, magnifique propriété gérée par M. Augustin Legrand, français résidant au Mexique depuis plus de trente ans. On voit là d'immenses plantations de cannes à sucre ; une très-petite quantité de ces vastes terres est consacrée à la culture du maïs, tout le reste consiste en bois, marais et prairies où paissent d'innombrables troupeaux. Chaque tête de bétail est marquée avec un fer rouge au signe de son propriétaire, ce qui n'empêche pas qu'on n'en vole bon nombre. La hacienda sert de résidence à la famille Legrand et aux nombreux employés. C'est un bâtiment immense avec plusieurs dépendances, écuries et cours entourées de hangars. On dirait une forteresse. A gauche, en entrant dans la cour principale, on voit une belle chapelle desservie autrefois, avant la guerre, par un prêtre de Cordova. Tous les dimanches les habitants des *ranchos* venaient y entendre la messe. Les *rancheros* sont les sous-fermiers des haciendas qui habitent les terres les plus éloignées. Les cultures de cannes à sucre qui se déroulaient devant nous à perte de vue étaient admirables. Nous vîmes là également les premières caféeries importantes. Le fils Legrand, un beau jeune homme qui aime par-dessus tout la vie des champs et préfère le Mexique à la France, nous fit tout visiter. Le caféier est vraiment un joli arbuste avec ses mille graines rouges dans les branches. On a établi dans la hacienda, il y a quelques années, une usine à vapeur pour la fabrication du sucre et la distillation des eaux-de-vie de canne ; mais, depuis cette dernière guerre, ce vaste établissement, ayant été tour-à-tour occupé par les réactionnaires et les libéraux, a subi de grands dégâts. La chapelle elle-même a été dévastée, elle est ruinée à l'intérieur ; les boiseries ont servi à la construction de retranchements et de barricades qui se remarquent aux entrées. Ces ouvrages ont été

solidement faits par les troupes de Marquez, aux-
quelles on attribue à tort ou à raison la majeure
partie de cette dévastation.

Autour de l'habitation du maître sont humblement
plantées, dans de belles cultures, les pauvres cases
en bambou des employés au service de la hacienda.
Nulle part en France on ne voit des propriétés aussi
vastes. Ce sont ici comme de grands villages dont
tous les habitants sont les employés du même maître.
Cette hacienda rapporte, dit-on, aux années de tran-
quillité, plus de quatre cent mille piastres (deux
millions.)

Au bord de la route, à côté du lieu où campent
d'ordinaire les troupes de passage, on remarque
une auberge d'assez bonne construction avec arca-
des. Au dessus de la terrasse flotte le pavillon de
Prusse. Cette auberge est tenue par un certain
M. Finck, sujet prussien qui se dit consul chargé des
intérêts de ses nationaux. Ces fonctions doivent lui
donner peu d'ennuis, car au Potrero toute la population est indienne et je crois qu'on aurait de la peine à
trouver un Prussien dans tout le district de Cordova.
Mais ce pavillon fait bien au dessus de la maison et
il peut, en certain cas, intimider les voleurs. Cet
honnête fonctionnaire consulaire peut donc, tout
en vaquant aux soins de sa gargotte, veiller à maintenir intact en ces contrées l'honneur de son pays.

Les terrains que nous parcourions depuis le matin
étaient d'une grande fertilité et très-bien cultivés.
A quatre kilomètres du Potrero nous franchîmes le

*Rio-secco*, rivière sans eau, comme son nom l'indique. Le pont en bois, construit par l'armée française, était gardé par une compagnie d'infanterie mexi caine alliée ; cette troupe avait meilleure physionomie et une tenue plus régulière que la cavalerie que nous avions vue au poste de Passo-del-Macho. Le poste prit les armes à notre approche, et on se rendit mutuellement les honneurs. Je comptai environ soixante soldats et une trentaine de femmes occupées aux soins du ménage sous les hangars qui servaient d'abri à ce détachement. A part quelques enfants portant l'uniforme et qui étaient enrôlés dans cette troupe, tous les soldats mexicains de ce poste étaient mariés. Les femmes les suivent partout dans les expéditions comme dans les diverses garnisons. Je donne à juger de la tournure qu'un semblable mélange peut donner à une troupe en marche.

La femme du *soldado razo* (simple soldat) dans l'armée mexicaine est méprisée à juste titre, je crois, partout où elle passe.

Nous arrivâmes par un temps magnifique à Cordova. Déjà, depuis une heure, nous apercevions les dômes des églises. Nous avions espéré voir une jolie petite ville, mais nos illusions s'évanouirent promptement. En approchant du faubourg, on trouve la route pavée à partir de la garita (octroi), mais elle est pavée à la mexicaine, c'est-à-dire en dépit du bon sens. On a de la peine à comprendre comment les voitures peuvent rouler là-dessus. Tout le faubourg

par lequel nous fîmes notre entrée est misérable;
l'intérieur des maisons a un aspect sordide.

Cordova est le chef-lieu d'un district ; cette ville,
située à soixante lieues Est de Mexico, est assez étendue et compte une population de douze mille habitants environ. Les rues sont droites et bien alignées;
les maisons médiocrement construites n'ont qu'un
seul étage ; la plupart n'ont que le rez-de-chaussée.
La place principale (*Plaza mayor*) qui se trouve au
centre est carrée ; elle est d'un aspect régulier. Sur
la face orientale on remarque l'église paroissiale,
belle construction, fort riche à l'intérieur. Vis-à-vis,
sur la face occidentale, se trouve l'*ayuntamiento*
(Hôtel de la Mairie) avec péristyle et gradins. Les
deux autres faces sont occupées par des constructions
particulières également à péristyles dont les galeries
sont encombrées de marchandes de fruits et de
légumes. De fortes barricades avec fossés défendent
l'accès de cette place qui doit servir de réduit en cas
de besoin.

La température de Cordova est chaude et humide;
elle passe pour malsaine, car, à certaines époques de
l'année, les fièvres et la dyssenterie s'y font sentir.
La population est peu hospitalière et nullement disposée pour l'intervention. Les Cordovans ont dans
le Mexique la réputation d'esprits exaltés et d'ardents révolutionnaires, opinion qui nous parut bien
justifiée.

La ville possède un monument public à la mémoire
du patriotisme des habitants et des sacrifices qu'ils

s'imposèrent pendant les guerres de l'indépendance. Un autre monument a été élevé en commémoration de la brillante victoire que remportèrent les indépendants sur les troupes royales le 16 mai 1821.

Il y a plusieurs écoles, un collége pour les élèves qui se destinent à la marine, trois hôpitaux et huit églises ou chapelles dont les principales sont la paroisse et le couvent de St-Antoine de Padoue. Autrefois Cordova possédait des fonderies de métaux qui ne fonctionnent plus. Aux environs on voit de belles haciendas où l'on fabrique des chandelles, du sucre, de l'eau-de-vie de canne (aguardiente), de l'huile, du savon, etc. La population de tout le pistrict de Cordova est d'environ quarante mille âmes dont trente mille indiens.

Notre séjour dans cette ville ne fut pas de longue durée. On nous employa à diverses expéditions dans les montagnes où se réfugiaient des bandes de guerilleros. Nous endurâmes beaucoup de fatigues, mais toutes nos courses ne furent pas sans résultat, car on mit la main sur plusieurs de ces bandits, et, en pcu de temps, tout le district fut à peu près purgé. Avant notre arrivée, le marché était à peine garni de quelques mauvais légumes insignifiants ; les indiens qui apportaient des provisions étaient pillés et maltraités en route. Nos expéditions rétablirent promptement la sécurité partout, et les marchés regorgèrent bientôt de denrées de toutes sortes.

Le moment était enfin venu où l'armée allait monter sur le plateau d'Anahuac ; les opérations militaires, si impatiemment attendues par tous, allaient commencer. Nous quittâmes Cordova, heureux, premièrement de parcourir des contrées nouvelles, et en second lieu de voir cette campagne prendre une tournure plus active. Le temps des ennuis était passé. Tout était prêt ; une partie de l'armée avait déjà quitté Orizaba.

De Cordova à Orizaba le terrain est assez accidenté. Devant nous se dessinent de hautes montagnes déboisées montrant leurs flancs nus et rocheux ; à droite et à gauche dans la campagne on découvre des groupes de cases qui forment autant de *pueblitos* séparés. La végétation quoique fort belle n'est pas aussi riche que sur le littoral, car, pendant la saison sèche, la campagne manque en général de verdure, mais dans le temps des pluies on voit pousser comme par enchantement de belles cultures à perte de vue, dans des vallons bien arrosés.

Après deux heures de marche nous arrivâmes au village de *las Animas,* connu par l'armée sous le nom de Fortin, à cause des retranchements qu'on y a établis pour la garde d'un pont sur le *Rio-Blanco* qui coule au pied du village. Un escadron de la cavalerie alliée, dans le style de celle de Passo-del-Macho, occupait ce poste.

Le Fortin était le premier gros village habité que nous rencontrions sur la route depuis Vera-Cruz. Nous examinâmes tout avec une certaine curiosité pendant la halte que nous fîmes. Un peuple d'une malpropreté dégoutante l'habite ; nous vîmes des femmes à peine vêtues de haillons, les cheveux épars, montrant leur têtes repoussantes à la porte de leurs huttes, leurs petits enfants tout nus sur les bras. On voyait peu d'hommes en ce moment; ils devaient se trouver aux travaux des champs. L'aspect de ces cases était tout-à-fait misérable; c'est à peine si ceux qui les habitaient pouvaient y être à l'abri du mauvais temps. Après avoir dépassé les dernières habitations de ce sombre village, la route descend en serpentant pendant environ deux kilomètres; cette descente est dangereuse par la multiplicité et la raideur des tournants et le mauvais état de la chaussée. Tout au bas coule le *Rio-Blanco* qui prend sa source dans les versants du Pic d'Orizaba, passe par le sud de cette ville et va se jeter dans la mer à Alvarado au dessous de Vera-Cruz. Son cours, torrentueux au temps des grandes pluies, est d'environ cinquante lieues de parcours. Nous traversâmes la rivière sur un pont en pierre d'assez solide construction. Les guerilleros ont aussi fait là plusieurs vaines tentatives pour le détruire, mais toujours ils ont été repoussés par le poste. L'armée française construisit sur une hauteur, vis-à-vis de ce passage, une belle redoute; malheureusement elle était dominée de plusieurs côtés; on y établit des masques en gabionnades. La baranca du *Rio-Blanco* est effrayante à franchir surtout avec un convoi de voitures. Elle a une profondeur de trois ou quatre cents pieds; ses berges sont presque à pic. Ces immenses ravins, si fréquents au Mexique, indiquent bien un sol tourmenté; on voit également de ces larges crevasses de la terre, creusées dans les terrains d'alluvion par les torrents qui descendent des montagnes, se frayant violemment un passage à travers les obstacles du sol. Dès qu'on a passé la rivière, la route est difficile et escarpée, la montée dure et fatigante jusqu'au plateau de la rive droite. Là se trouve la hacienda de Cuahutlapan dont nous pûmes visiter la sucrerie. On fit une pause de deux heures au milieu des vastes plantations de cannes à sucre qui entourent l'établissement.

L'édifice est moins beau, moins vaste que celui du Potrero, mais sa situation, au pied des collines verdoyantes, au bord d'un torrent, est fort agréable. Les cultures sont sillonnées de canaux d'irrigation qui en font la principale richesse. La culture de la canne à sucre est d'un grand rapport, mais aussi elle exige des soins bien entendus. On la couche horizontalement dans des sillons d'où elle sort en tiges qui atteignent de grandes dimensions. On ne fait qu'une récolte par année.

Au moment de notre arrivée, le moulin de Cuahutlapan fonctionnait avec la plus grande activité; chacun de nous voulut voir comment on fabriquait le sucre. Nous passâmes au milieu d'indiens des deux sexes occupés les uns à apporter les tiges qu'ils coupaient dans les champs, les autres à ôter les feuilles, à diviser chaque tige en trois ou quatre morceaux qu'ils apportaient dans de grandes corbeilles sur leurs dos; ils déposaient cela à côté du pressoir.

Le moulin est mu par une machine hydraulique américaine.

On place d'abord ces bouts de cannes sous des cylindres en fontes qui les broient et les rejettent après en avoir exprimé tout le suc qui s'écoule par des canaux dans des réservoirs ; de là il passe écumé dans d'immenses chaudières en cuivre où il achève sa cuisson. On le retire lorsqu'il est cuit, et on le verse dans des moules coniques en grès, percés par le sommet. Lorsqu'en refroidissant, la matière s'est solidifiée, on ferme le moule au moyen d'une couche de terre glaise sur laquelle on verse de l'eau de lessive, tous les corps gras sont enlevés par cette eau qui passe à travers les pores de la terre et du sucre. La cristallisation s'opère ensuite, mais le sucre aurait besoin d'être raffiné. Au Mexique il n'y a point de raffineries, il en résulte que le sucre fin qu'on y consomme, venant d'Europe, se vend à des prix fabuleux.

La mélasse qui provient des résidus du jus de canne sert à faire de l'eau-de-vie. On travaille le jour et la nuit dans cette hacienda. Dans un des bâtiments de l'usine se trouve la distillerie pour l'eau-de-vie. Cette denrée dont les Mexicains, surtout les gens du peuple, font une consommation si considérable, rapporte de bons profits aux fabricants.

Il faisait un soleil étourdissant lorsqu'on se remit en marche ; cependant, comme nous nous trouvions à une hauteur d'environ mille mètres au dessus du niveau de la mer, la brise rendait la chaleur supportable.

Chaque jour on faisait la remarque de la différence sensible de température qui existait d'une étape à l'autre, car plus nous avancions dans les hautes terres et plus aussi l'atmosphère se refroidissait. Arrivés sur le plateau situé en haut de la montée de Cuahutlapan que nous mîmes deux heures à gravir, un beau point de vue se présenta tout-à-coup à nous. La sierra de la Zongolica qui parcourt le sud d'Orizaba, se prolongeant d'une part dans la direction de Cordova et de l'autre bordant la vallée que suit la route de Puebla, se voit à notre gauche; à droite, c'est le Citlatepetl qui passe sa tête blanche au dessus des montagnes et va confondre sa cîme avec les nuages; on se croirait à quelques centaines de mètres seulement de cette belle montagne ; le paysage est ravissant de toutes parts. La campagne, comparée aux richesses de végétation que nous avons déjà vues, parait peut-être un peu nue, mais elle n'est point sèche tant s'en faut. On ne voit plus, à la vérité, depuis Cordova, des terres fertiles comme celles de la terre chaude qui faisaient notre admiration à notre débarquement ; cependant il faut reconnaître que dans le district d'Orizaba la terre est riche par la multiplicité de ses productions.

La situation topographique des terres de ce district explique la variété de sa température, qui est, dans les montagnes de Huatusco, celle des terres froides, à Orizaba, celle des terres tempérés, et au sud, du côté de Téhuacan, celle de la terre chaude; on a donc, dans le district d'Orizaba qui occupe une assez petite étendue, les productions de trois zônes.

On y voit de magnifiques cèdres, des bois de rose, des chênes noirs et des chênes verts ; des hêtres blancs, jaunes, rouges ; des caféiers sauvages et plusieurs espèces de bois précieux et de construction ; toutes sortes d'arbres fruitiers d'Europe et d'Amérique ; des plantes médicinales, telle que la salsepareille, le jalap médicinal qui est une des principales branches d'exportation, des gommes de plusieurs qualités etc. ; des arbres et des plantes aromatiques, et des bois de teinture, de magnifiques forêts de liquidembars. On récolte du maïs, des haricots noirs (frigoles), des petits pois, du riz, de l'avoine et de l'orge ; du coton, du café de qualité supérieure fort renommé, du cacao, la canne à sucre, la vanille, le tabac dont on fait de surprenantes récoltes dans tout ce territoire.

Dès qu'on a traversé le bourg désert de la Escamela, on entre dans le faubourg de la ville dont on aperçoit les clochers.

Orizaba, chef-lieu de district, est situé à environ cinquante lieues Est de Mexico. Son élevation au-dessus du niveau de la mer est de 1220 mètres. Le terrain sur lequel elle est bâtie, à la sortie du vallon formé par les contre-forts de la sierra Madre, est une sorte de plateau plus bas de 1180 mètres que l'autre côté de la Cordilière. La ville est en même temps plus élevée de trois cent cinquante mètres que les terres qui l'entourent par l'Est et le Sud-Est. Les rues sont droites, bien régulièrement percées à angles droits, comme dans toutes les villes mexicaines. Les maisons sont généralement bien construites, fort solides, et n'ont qu'un seul étage. Il y a des trottoirs dans toutes les rues centrales qui sont du reste assez médiocrement pavées.

Orizaba possède plusieurs édifices publics parmi lesquels on remarque les églises de la Paroisse, de Carmen, Saint-Philippe de Néri, etc. Il y a un collége pour l'étude de la langue latine, la philosophie le droit civil et canonique, le dessin et la musique; deux hôpitaux dont un est réservé aux femmes, c'est l'hôpital connu sous le nom de *Los dolores*.

Orizaba est une ville active et industrieuse; il s'y fait un commerce assez considérable. Elle possède plusieurs moulins pour la canne à sucre et pour le blé. Il y a aussi des manufactures de drap, de papier etc. Celle de Cocolapan est fort belle.

Avant de quitter cette petite cité témoin des tribulations de notre premier corps expéditionnaire, je voulus faire l'ascencion du Cerro-Borrego où le capitaine Détrie, du 99ᵉ de ligne, se couvrit de gloire le 14 juin 1862. Cette montagne domine la ville par le Nord-Ouest. On se demande comment le capitaine Détrie put faire avec sa petite troupe, sac au dos, pour escalader une pente si raide. Lorsqu'on arrive au sommet, en suivant la rampe creusée dans le roc à travers la montagne, on est tout essoufflé. On se rend compte de la vigueur que ces vaillants soldats durent déployer pendant cette nuit pour arriver au sommet et culbuter plusieurs bataillons ennemis, déjà établis avec de l'artillerie sur cette formidable position. Ils durent s'accrocher aux aspérités du roc, car à cette époque le *Cerro-Borego*, étant réputé inaccessible de toutes parts, on ne s'était pas donné la peine de l'occuper. Cet oubli fournit au capitaine Détrie l'occasion d'immortaliser son nom, et faillit compromettre toute l'armée. Après le glorieux combat du 14 juin, on reconnut la nécessité d'occuper cette importante position; on y construisit une redoute que garda une compagnie d'infanterie.

Un grand mouvement de troupes de toutes armes, se faisait remarquer dans les rues d'Orizaba; des voitures d'artillerie, des canons, des chariots chargés de vivres et de matériel se dirigeaient sur la route de Puebla; il était facile de reconnaître à cette agitation générale que des évènements militaires d'une grande importance se préparaient. Le lendemain de notre arrivée à Orizaba, nous fûmes dirigés avec un convoi d'artillerie sur Aculcingo au pied des grandes Cumbres où, le 30 avril 1862, les Mexicains avaient reçu de nos troupes la première défaite.

## VII

Bivouac d'Aculcingo. — Les grandes Cumbres. — Bivouac
de Puente-Colorado. — Téhuacan. — Les petites Cumbres.
— Coup-d'œil sur l'état de Puebla.


En quittant Orizaba, on pénètre dans une petite
vallée verdoyante au milieu de laquelle se voient
de charmants villages; mais, dès qu'on a dépassé le
moulin d'*El Ingenio* à cinq kilomètres d'Orizaba, la
campagne change de physionomie, elle est aride, la
végétation est rare ou chétive. Les montagnes qui
forment cette vallée sont nues. On aperçoit ça et là
quelques maigres cultures et des cases en ruines au
milieu des champs. La nature du sol diffère entièrement de ce qu'elle a été jusqu'ici. La poussière
blanche que nous soulevons sur la route indique
une terre peu productive. Nous arrivons bientôt à la
hacienda de Técamalucan, véritable forteresse au
milieu d'un massif d'arbres.

Autour de la hacienda et au bord du chemin, on

voit quelques cases où vivent de pauvres indiens cultivateurs. Ces braves gens accourent au-devant de nous pour nous offrir de l'eau dans des calebasses. C'était un dimanche ; les indiens observent scrupuleusement la pratique des jours consacrés au Seigneur et au repos. Ils sont vêtus de leurs plus beaux habits : un caleçon de toile blanche et par dessus une culotte de peau de même longueur qui laisse flotter librement les jambes du caleçon ; une chemise de calicot et par dessus une veste de peau. La chaussure est tout à fait primitive : une peau de chevreuil attachée autour du pied au moyen de courroies ; la plupart vont constamment nus-pieds. Leurs épais cheveux noirs et raides comme des crins, tombant sur leurs yeux, donnent à ces indiens un air stupide et hébété qu'ils ne justifient que trop. Les femmes sont sales et déguenillées, leur physionomie a quelque chose de repoussant. Elles passent leurs loisirs du jour du dimanche sur la porte de leur hutte, cherchant dans leur chevelure défaite la vermine qui y abonde.

A environ une lieue de Técamalucan, nous franchîmes la *Baranca-Secca*, ravin profond où le commandant Lefèvre du 99e de ligne battit avec quatre cents hommes les troupes mexicaines, leur enleva deux drapeaux et leur fit près de mille prisonniers. La route est fort mauvaise en ce lieu ; on enfonce dans la poussière jusqu'aux genoux ; cette poussière fine et blanche, soulevée en quantité par la marche de notre colonne, nous aveuglait tous. Le plateau, situé de l'autre côté du ravin qu'il domine, était triste et dénudé; pas un arbre, pas un brin d'herbe; la terre y est toute pelée.

De ce point on aperçoit le clocher d'Aculcingo dont les habitations sont cachées dans des bouquets de verdure. A quelque distance, la campagne, quoique dépourvue d'arbres, est verdoyante; ce sont des prairies bien arrosées, des champs d'orge ou de blé. La vallée, considérablement resserrée, se ferme à un kilomètre au-dessus du village. Les montagnes se rejoignent, formant une sorte d'amphithéâtre dont le sommet est à huit cents mètres au-dessus de nos têtes.

Le village d'Aculcingo est d'une longueur interminable; les habitations bordent la route ne formant pour ainsi dire qu'une rue. On y voit peu de maisons en maçonnerie; ce sont presque partout des cases plus ou moins propres, mais en général pauvres et misérablement construites. De nombreux troupeaux de porcs de toutes dimensions et de toutes couleurs, des dindons de belle espèce, circulent librement dans les rues et même dans les habitations. Il se fait une exportation considérable de ces animaux sur Orizaba, et c'est même la seule branche de commerce qui se pratique ici. Tout auprès de notre campement se trouvait une case dont les habitants, un peu familiarisés avec les troupes françaises depuis qu'ils en avaient tant vu passer, causaient volontiers avec nous; ils m'engagèrent à entrer dans la case. Une jeune femme, je devrais dire une enfant, qui me parut n'avoir pas plus de douze ans, était assise dans un coin, donnant un sein à peine formé à un petit enfant nouveau-né. Je n'ignorais pas la précocité de la nature dans ces contrées, principalement chez les femmes, mais j'avoue que j'étais loin de supposer que ce fût à ce point. Cette pauvre créature, incommodée par l'attention qu'elle provoquait et comprenant sans doute le motif de ma curiosité, se prit à rougir, se leva et disparut. Une autre femme âgée était près de la porte, courbée sur le *metate* (pierre sur laquelle on broie le maïs), à genoux, les épaules et la poitrine nues, elle pilait sur la pierre, au moyen d'un rouleau de bois dur, le maïs destiné au repas de la famille. Dans un plat étaient étalées quelques douzaines de *tortilles*, sorte de crêpes épaisses qui servent de pain au Mexique. La *tortille* est faite avec du maïs broyé, délayé dans de l'eau de chaux. On en fait une sorte de pâte que l'on fait cuire en galettes rondes sur un plat de terre chauffé par un feu très-vif. Cette préparation est longue et fatigante ; les femmes dans les cases n'ont guère d'autre travail, car sans cesse on les voit occupées à ce soin

L'intérieur de la case était assez propre, on remarquait aisément que la ménagère était une femme d'ordre car toutes choses étaient parfaitement rangées à leur place. Dans un coin une cruche et quelques calebasses peintes ; là un *metate*, des nattes de jonc qui servent de lit à la famille, quelques images plantées dans le mur, une statue en cire peinte de la Sainte-Vierge avec des habits étincelants. Au milieu, suspendue par une corde d'aloès, une corbeille oblongue, toute petite, au fond de laquelle on a placé une natte très-propre : c'est le berceau de l'enfant. Ce système de berceau est fort ingénieux, car les femmes peuvent bercer pendant la nuit sans se fatiguer. Il suffit de pousser légèrement la corbeille pour qu'elle soit mise en mouvement pendant un long espace de temps. Dans un autre angle de la case on voyait, soigneusement enveloppée dans une jupe de femme, une mandoline dont le manche seul était à découvert. La mandoline qui sert à charmer les loisirs des jours de fête est un meuble indispensable dans la cabane indienne, quelle que soit sa pauvreté. On rencontre souvent des indiens qui ne connaissent la musique que par instinct, et jouent cependant de la mandoline d'une manière remarquable. Cet instrument a quelque chose de mélancolique et de triste dans le son, mais néanmoins on éprouve un certain charme à entendre vibrer ses cordes.

Les murs de la case sont faits de grosses pièces de bambou plantées profondément dans le sol sur un même alignement. Ces pièces sont uniformes et assez espacées pour permettre la libre circulation de l'air à l'intérieur. La toiture est faite de feuilles de bananiers habilement entrelacées. La pluie s'écoule sans jamais percer cette couche épaisse et très-serrée.

Le maître du logis, indien au teint couleur de brique cuite, mais doué d'ailleurs d'une physionomie avenante et douce, pouvait avoir une trentaine d'années. Il me fit le meilleur accueil et m'engagea à partager le repas de sa famille ; des *tortilles*, des *frigoles* (haricots noirs) et du *tasajo*, le tout arrosé d'eau claire. Je remerciai ces bonnes gens qui parurent contrariés de mon refus ; c'étaient bien les gens les plus affables que j'eusse encore vus.

Les *frigoles* sont un mets fort laid par leur couleur noire, mais excellent lorsqu'il est bien préparé. L'administration de l'armée nous en a donné pendant la majeure partie de la campagne et nous les avons toujours mangés avec plaisir. Le *tasajo* est un mets national ou plutôt d'origine espagnole. On dirait un paquet de cordes dans de la sauce. La première fois que je vis un plat de *tasajo* accommodé en sauce avec des piments, ma curiosité fut piquée à ce point que je demandai à le goûter. Cette seule expérience m'a suffi depuis, j'en ai été rassasié pour longtemps. C'est de la viande desséchée au soleil, salée et découpée en lanières minces et longues, on croirait voir des ficelles et non de la viande lorsque c'est arrivé à un état de dessication avancé. Pendant le repas, la case avait été envahie par toutes sortes d'animaux domestiques, chiens, chats, porcs, dindons, poules ; personne, excepté moi, n'était incommodé de la présence de ces animaux qui donnait à l'habitation l'apparence d'une véritable arche de Noé.

On me raconta comment, le 28 avril 1862, le petit corps d'armée du général de Lorencez avait enlevé les hauteurs des *Cumbres* défendues par l'armée mexicaine. On avait dù escalader les montagnes presque à pic qui flanquent la route. Les zouaves et les chasseurs à pied avaient donné là une preuve de leur audace et de leur résolution remarquables.

— Il n'y a que l'armée française qui puisse se permettre de pareils tours de force, me dit l'indien ; jamais nous n'aurions supposé qu'une armée, quelque audacieuse qu'elle fût, pourrait escalader les flancs de ces montagnes escarpées. Depuis le moment où j'ai vu vos troupes aborder ces positions, je les ai jugées capables de tout. Arrivées sur les crêtes que l'armée juariste garnissait, celle-ci, épouvantée d'une semblable audace, se mit à fuir abandonnant ces positions que vous voyez d'ici et qui sont réputées imprenables.

La route par laquelle se fait l'ascension des grandes *Cumbres* est d'une défense tellement facile qu'un millier d'hommes avec du canon arrêterait une armée. Elle forme vingt-sept lacets qui ont ensemble une longueur d'environ six kilomètres. La montée est fort rude ; la chaussée, quoique mal entretenue, est en bon état. En certains endroits, on remarque l'effet de considérables éboulements occasionnés par les mines qu'avait fait jouer l'armée mexicaine battant en retraite sur Puebla, dès qu'elle avait appris que notre tête de colonne sortait d'Orizaba. Ces éboulements devaient accroître la difficulté et non arrêter notre marche en avant, comme l'avait espéré l'ennemi. A moitié chemin, apparaissent les ruines d une ancienne forteresse espagnole qui servait de lieu de détention en même temps que de poste d'observation. Ce lieu porte le nom de Presidios (bagne, galères).

Un ruisseau roule ses eaux limpides et fraîches le long des murs ruinés de cette construction, vieux souvenir de la domination espagnole, et s'élance en charmante cascade sur la route qui serpente à cent mètres plus bas. Cette chûte d'eau, toute mincequ'elle soit, produit bon effet dans le tableau. De la plateforme que couvrent ces ruines, on jouit de la vue de toute la vallée d'Orizaba qui se déroule avec ses campagnes assez nues, à une profondeur d'environ huit cents mètres. Ce point de vue est remarquable ; observé longtemps il donne le vertige. Vu de ce lieu, le village d'Aculcingo parait une miniature.

Quelques instants après nous étions parvenus au faîte des grandes *Cumbres* ; nous venions de franchir le second gradin oriental de la Cordilière, à une hauteur de 2244 ᵐ. au-dessus du niveau de la mer. Un vent vif et froid nous rappelait que nous étions dans la région des nuages et des brouillards, loin des terres chaudes.

On bivouaqua à *Puente Colorado* (pont rouge) au pied des petites *Cumbres*. Celles-ci sont distantes des premières d'environ deux mille mètres. Nous venions de pénétrer dans l'état de Puebla.

*Puente Colorado* est un trou au pied des petites *cumbres* ; on y avait déjà établi un poste pour garder le pont, bâti sur un ravin au point de jonction de la route de Puebla et de celle de Téhuacan. Le sol est nu et aride. Quelques ruines à l'entrée du pont, quelques arbres sans feuillage, un ruisseau sans eau, tel est le paysage

En ce moment, Téhuacan était le quartier-général d'une nombreuse bande de guerilleros dont les postes avancés tenaient les villages voisins de la route. Pour la sécurité de nos convois il était nécessaire d'occuper Puente Colorado d'où on pouvait rayonner aux environs. Il règne en cet endroit un vent violent. Nous y eûmes continuellement froid. C'était la première fois depuis notre arrivée au Mexique que nous étions obligés de prendre des vêtements d'hiver et de nous agiter pour parvenir à nous réchauffer. Un brouil-lard épais s'abattait chaque soir dans ce petit vallon et nous pénétrait jusqu'aux os. Tout est triste et désert dans les environs ; on ne voit pas la moindre culture ; quelques arbres dépouillés se balancent mélancolique-ment au gré des vents sur les montagnes qui avoisinent le poste, et en font une sorte d'entonnoir ; pas une case dans la campagne.

La route de Puente Colorado à Téhuacan est fort accidentée ; nous eûmes occasion de la parcourir en nous rendant dans cette ville qui était occupée par l'ennemi. Mais à notre approche toutes les ban-des avaient fui, comme elles ont coutume de le faire. Notre expédition n'eut d'autre résultat que de nous faire connaître ce riche pays.

Téhuacan est chef-lieu de district ; c'est une ville assez bien bâtie ; elle est distante de vingt-huit lieues environ de Puebla dont elle est un des greniers d'abondance. Elle a la même physionomie que toutes les autres villes du Mexique, mais on remarque chez les habitants une certaine aisance particulière. Les rues sont très-propres, droites et bien percées, pavées régulièrement. Le climat y est délicieux, l'air pur le ciel serein et toujours beau. Les seuls monuments dignes de fixer l'attention sont, comme partout dans ce pays, les églises qui sont richement décorées. La population nous parut peu sympathique.

Après un séjour d'une semaine à Puente Colorado, on leva le camp et on se mit en marche pour Morelos ou Cañada de Ixtapa. On franchit les petites *Cumbres* par une route qui forme quatorze lacets moins raides et moins longs que ceux des grandes *Cumbres*. Il était fort pittoresque de voir, par un temps clair, dans ce terrain découvert, notre colonne serpentant à travers la montagne pas ces chemins en zig-zag. Notre tête de colonne avait atteint le plateau supérieur que la queue était encore au camp.

Quelques mots sur l'état de Puebla dont nous foulons le sol depuis peu, et où vont se passer bientôt les évènements qui décideront du sort de la nation mexicaine.

Autrefois cet état s'étendait du Nord au Sud, formant une longue bande dont les extrémités touchaient à l'Océan Pacifique et au golfe du Mexique. Il laissait de côté les districts de Tlalpa et d'Ometepec pour former l'état de Guerrero, et il séparait le district de Tuxpan pour se joindre à l'état de Vera-Cruz.

Aujourd'hui l'état de Puebla présente une forme plus régulière ; il est joint au Nord et à l'Est à l'état de Vera-Cruz, à l'Ouest à celui de Mexico et au territoire de Tlaxcala et au Sud aux états d'Oaxaca et de Guerrero. La partie ouest de l'état, terminée par la grande Cordilière qui ferme la vallée de Mexico, offre un terrain fort accidenté dont les sommets principaux sont l'Iztaccihuatl et le Popocatépetl.

Ces hauteurs se prolongent, avec une légère inclinaison dans la direction Sud, vers les contrées montueuses de la Mixteca. Le sol présente le même aspect à l'Ouest et au Nord où se trouvent le Pic d'Orizaba et le Coffre de Perote. Au milieu de ces ondulations du terrain on rencontre les vastes plaines de *San-Martin*, de Puebla, de Atlixco et de *Los-Elanos*, où on remarque à peine de légères dépressions de terrain, et d'où la vue peut s'étendre à des distances considérables ; le climat de l'état de Puebla est réputé sain ; on y jouit selon le point que l'on habite de températures très-variées.

Et, en effet, les plaines qui se prolongent de l'Est à l'Ouest depuis San-Martin jusqu'à Tecamalucan jouissent d'un climat tempéré et très-sain ; tandis que la plaine d'Atlixco est déjà chaude quoique n'étant qu'à huit lieues de distance, la température de Matamoros qui est situé à dix lieues plus au Sud est beaucoup plus chaude, elle augmente encore selon qu'on se rapproche de la Mixteca sur la frontière du Guerrero. Au contraire, à peine a-t-on dépassé la plaire de Tlaxco, sur le territoire de ce nom, et a-t-on pénétré dans les montagnes, qu'on a toute la partie située vers le Nord très-froide. Il y gèle souvent, et, en certains points, la neige se maintient pendant plusieurs jours, car au Mexique la température ne dépend pas de l'élévation du pôle, mais bien de l'élévation du sol au-dessus du niveau de la mer. Certaines villes, situées au sommet des montagnes les plus élevées, quoique à peine éloignées de quelques degrés seulement de l'Equateur, ont des hivers fort rigoureux.

L'état de Puebla est riche en mines d'or et d'argent. Les habitants sont agriculteurs par excellence. On y récolte du blé de fort bonne qualité, du maïs qui a la propriété de ne pas se piquer, de l'orge et tous les produits en général des trois zones. Dans le district d'Atlixco la terre est d'une fertilité telle qu'aux bonnes années elle donne jusqu'à soixante-dix charges de blé pour une. A Téhuacan on récolte aussi du raisin ; il est de bonne qualité et promet d'être un jour une riche branche de la culture du pays. Sous la domination espagnole, la métropole se réservant le droit d'approvisionner en vins et huiles ses nombreuses colonies d'Amérique, la culture de la vigne et de l'olivier avait été formellement interdite.

Le coton de l'état de Puebla est de beaucoup supérieur à celui du Brésil et à celui de Mobile dans les Etats-Unis du Nord-Amérique.

On élève dans tout l'état de Puebla d'immenses troupeaux de chevaux, mulets, bœufs, etc.

## VIII




Ce tronçon de route du sommet des petites *Cumbres*
à la Cañada est fort mauvais. Une poussière fine et
grisâtre couvre la terre à une profondeur d'un demi-
mètre ; on s'y enfonce jusqu'à mi-jambe. Le fantas-
sin a toutes les peines du monde à se mouvoir dans
ces flots de cendres. On voit à droite de vastes forêts
de sapins, habitées par des bandes de coyotes (loups
du pays). Une immense étendue de terrains incultes,
des cases misérables et délabrées, des monticules de
sable que le vent fait onduler comme les vagues de
l'Océan, tel est l'aspect des environs de la Cañada.
De loin en loin, semblables à des poteaux télégra-
phiques, s'élèvent les hautes tiges du maguey qui
produisent dans ce paysage triste un effet fort original. Le regard, plongeant l'horizon, s'arrête sur une

11

ligne de montagnes sans verdure, au pied desquelles sont assis quelques villages perdus au milieu des tourbillons de poussière qui sans cesse obscurcissent l'air. Ajoutons à ce tableau le soleil de plomb qui nous accablait, et on se fera une juste idée du peu d'attraits que nous inspirait le spectacle de cette nature désolée.

Elles sont bien loin de nous ces richesses végétales de la terre chaude et les verdoyantes prairies de Cordova coupées de ruisseaux qui courent dans tous les sens, et ces magnifiques plants de tabac et de maïs des environs d'Orizaba.

Le village ou bourg de la Cañada est aussi triste que la campagne qui l'avoisine; les maisons sont mal bâties, malpropres, les rues irrégulières, chose extraordinaire, car au Mexique les rues sont surtout remarquables par la régularité de leur alignement.

Les habitants ont un air farouche qui n'attire pas à eux. Ici, pas la moindre ressource en denrées de quelque nature que ce soit. On ne trouve dans les *tiendas* (débits) que de l'aguardiente de canne qui se vend à vil prix et enivre d'une manière étonnante. Elle est tellement dangereuse que plusieurs fois nos chefs durent en interdire totalement le débit aux marchands. Les soldats, ivres de cette liqueur alcoolisée à un degré très-élevé, étaient tout à coup en proie à des accès de fureur qui les entraînaient aux plus grandes folies. L'indien, lui, s'enivre aussi par l'aguardiente qu'il aime passionnément, mais il tombe alors dans une sorte de prostration voisine de l'idiotisme. Tous les dimanches ces malheureux se livrent avec passion à leur funeste penchant. L'hébêtement qui résulte de ces excès laisse des traces profondes sur leurs physionomies.

Le soir de notre arrivée à la Cañada nous eûmes d'excellentes nouvelles des troupes de la division Douay, portées à trois étapes plus haut, dans le voisinage des avant-postes ennemis.

Le 18 février, une reconnaissance dirigée sur la ville de Tépéaca par le colonel l'Hérillier, du 99ᵉ de ligne, sortit de Los-Reyes à la pointe du jour. Deux escadrons du 2ᵉ régiment de chasseurs d'Afrique aux ordres du brave capitaine de Foucauld précédaient la colonne. Arrivés près de la hacienda de San-José, nos cavaliers rencontrèrent plusieurs bandes de guerilleros qui, bien embusqués, les assaillirent par un feu de tirailleurs des mieux nourris. Le capitaine de Foucauld reçoit l'ordre de chasser ces bandes de leurs positions. Aussitôt ce valeureux officier rallie ses pelotons et fond sur les guerilleros ; ceux-ci se replient promptement sur quatre gros escadrons du régiment de cavalerie de Zacatecas qui leur servaient de soutien. Après avoir reconnu la faiblesse numérique de nos cavaliers, l'ennemi marche à leur rencontre en proférant des menaces et des injures. Les soldats mexicains ont cette habitude ; ils croient intimider ainsi leurs adversaires. Ils ne s'étaient probablement pas encore mesurés avec nos intrépides chasseurs d'Afrique, ces escadrons de Zacatecas qui, au nombre de cinq cents hommes, se figuraient avoir bon marché de deux petits pelotons présentant ensemble un effectif de quarante-huit cavaliers. Il y eut un moment d'hésitation, de calme profond, de part et d'autre; on était nez-à-nez. Tout à coup retentit un vigoureux commandement de : chargez! poussé par nos officiers qui s'élancent les premiers sans hésiter. Ces quarante-huit braves se précipitent, le sabre au poing, sur ces escadrons. Malgré cette frappante infériorité numérique, ils culbutent tout, après une mêlée sanglante ; l'ennemi est dans un désarroi complet ; on le poursuit longtemps l'épée dans les reins, mais un renfort considérable lui arrive ; il se rallie derrière un large fossé d'où il peut diriger une vive fusillade sur nos pelotons. Ceux-ci ne bronchent point, mais le capitaine laisse un instant souffler hommes et chevaux, puis, comptant plus sur ses sabres que sur le feu de ses fusils, il fond de nouveau, avec la confiance que donne la certitude du succès, sur les escadrons mexicains ; la mêlée devient de nouveau générale, mais enfin l'ennemi balance, se rompt et finit par être dispersé, laissant sur le terrain trente-huit hommes tués ou blessés, un officier et huit soldats prisonniers, bon nombre de chevaux, de lances et de fusils.

La terreur inspirée à la cavalerie de Zacatecas fut telle que celle-ci ne s'arrêta dans sa fuite qu'à Amozoc, à environ vingt kilomètres du lieu du combat.

Ce brillant fait d'armes, digne de figurer parmi les plus glorieux de nos annales militaires, avait malheureusement coûté la vie à trois braves sous-officiers

qui avaient abordé les premiers les escadrons ennemis encore intacts. Ces noms furent cités dans l'armée : MM. Chavannes, Dermianne, Le Gou.

Le général en chef mit à l'ordre de l'armée cette
rencontre, et rendit justice en ces termes à tous ceux
qui y avaient pris part :

« Dans ce combat qui fait le plus grand honneur
« au capitaine de Foucauld, par la résolution avec la-
« quelle il a abordé l'ennemi qui était dix fois plus
« nombreux que sa troupe, tout le monde, officiers
« sous-officiers et chasseurs, a fait noblement son
« devoir. Cependant quelques-uns méritent d'être
« plus particulièrement cités par leur intrépidité ; ce
« sont, outre M. de Foucauld, le lieutenant Vuillemot
« qui commandait le peloton qui s'est trouvé le plus
« sérieusement engagé. Le sous-lieutenant Paploré,
« le chasseur Bougeard très-grièvement blessé, le
« maréchal-des-logis Carpentier, le chasseur Bé-
« champ qui a sauvé la vie a son maréchal-des-
« logis, le chasseur Kellinger, le brigadier Lipper-
« ville, le chasseur Robin qui a tué d'un coup de
« pistolet le cavalier mexicain qui venait de manquer
« le capitaine de Foucauld, enfin le maréchal-des-
« logis Ratat. »

L'heure des combats avait enfin sonné ; encore
quelques jours et chacun de nous allait avoir sa part
de dangers et son rôle dans la bataille.

En sortant de la Cañada de Ixtapa, la route est bordée
à droite et à gauche par d'immenses magueys en
plein rapport. Parmi les productions du plateau,

c'est certainement celle-là qui frappe le plus la curiosité de l'étranger. Le maguey est une plante grasse qui a, en grand, tout le port des aloès, et dont les racines et les feuilles ont des propriétés utilisées par la médecine. Le maguey produit le *pulque*, boisson favorite des indiens dans tout le Mexique, moins les provinces du Nord où le maguey ne végète pas.

On extrait le suc de cette plante de la manière suivant e

Lorsqu'elle a atteint de cinq à sept ans, on coupe a tige et on creuse à sa base une cavité qu'on a soin de tenir recouverte. Les feuilles, qui sont très succuentes et qui correspondent à la cavité, y vident peu à peu leur suc que l'on vient puiser de temps en temps à l'aide d'une écuelle en coco. Le suc extrait ainsi est laiteux et d'une saveur douce et sucrée. Au bout de deux jours, lorsqu'il a fermenté, il devient alcoolique ; il constitue alors le pulque, bon à boire pendant trois ou quatre jours seulement, car après il se corrompt. Lorsque le pulque est conservé dans des vases bien hermétiquement fermés ou dans des bouteilles bouchées avec soin, on le laisse vieillir ; alors il enivre comme nos vins les plus capiteux. Toutefois on le dit sain et salutaire. On fait de l'eau-de-vie de pulque qui est terriblement forte.

Les champs devant nous étaient couverts de ces immenses artichauts de sept à huit pieds d'élévation ; du milieu du cœur de la plante s'élève une hampe haute de dix à douze pieds. Les feuilles sont bordées d'épines et terminées par une pointe aigue fort dure ;

elles forment autant de gouttières qui conduisent l'humidité des rosées jusqu'au pied de la tige, et cette circonstance fait que les terrains même les plus arides sont propres à la culture de cette plante. A l'extrémité de la tige semblable à un mat, on voit croître une belle fleur d'une jolie couleur amaranthe.

Le maguey ne fleurit qu'à l'époque de sa vieillesse : il cesse alors de produire, mais après sa mort il est encore utile ; on le coupe et il sert à une infinité d'usages ; avec les feuilles on couvre les toitures des cases, les tiges font de bonnes poutres et des étançons ; on retire par le rouissage des feuilles une sorte de chanvre que l'on nomme *pitte* et dont on fait aujourd'hui une grande consommation non seulement au Mexique mais encore en Europe. Avec ce chanvre ou fait des fils qui servent à coudre ou à fabriquer des toiles communes ; les pointes qui se trouvent placées à l'extrémité des feuilles sont converties en aiguilles ou en clous, et la racine produit des filaments dont on fait des cordes et des câbles renommés pour leur solidité et leur durée et que l'humidité, le temps même peuvent à peine altérer.

On fait la récolte du pulque à l'époque où la sève abonde le plus. Il est étonnant de voir la quantité de suc qui se récolte sur chaque plante. C'est une véritable source végétale qui ne cesse de produire et de couler pendant plusieurs mois ; une plante vigoureuse peut fournir par jour plus de sept litres de liquide, ou environ un mille dans cinq mois. Un hectare de terres, planté en agaves ou magueys, contient

environ trois mille pieds, mais il n'y en a guères que
deux cent cinquante qui produisent, les autres sont
successivement exploités par douzièmes, d'année en
année, comme en Europe les bois que l'on met en
coupe réglée. Cette culture est d'autant plus riche
qu'elle ne craint pas les vicissitudes atmosphériques.
Elle est la source d'une grande aisance et même de
fortunes considérables pour les indiens qui s'y livrent.
M. de Humboldt cite une indienne de Cholula qui
laissa à ses enfants des plantations de magueys dont
la valeur était estimée à quatre cent mille francs.
Mais les produits se font attendre, les nouvelles plantations ne donnent de récolte qu'au bout de cinq ans
dans les terres les plus fécondes, et dans les plus ari
des au bout de dix-huit ans seulement.

La consommation du pulque est immense sur les
hauts plateaux. Le produit des octrois à l'entrée de
cette boisson dans les villes est une source considérable de revenus pour l'état.

Dans toutes les villes, dans le moindre village,
sur les routes même on trouve des *pulquerias*,
cabarets à pulque qui sont le rendez-vous des ivro-
gnes et des mauvais sujets, et l'on voit de vastes
plaines couvertes de plantations de magueys régulièrement alignées. Ce sont les vignes du Mexique,
mais leur végétation grisâtre et blafarde est bien
loin de présenter le coup d'œil riant de nos joyeu-
ses vignes des coteaux de la Bourgogne et des rives
du Rhône. Il y a aussi, comme en France pour les
vignes, des crus renommés ; les plus fameux sont

ceux de Cholula, Toluca et Hocotitlan ; cependant les gourmets leur préfèrent celui de *los Elanos de Apam*.

Plusieurs d'entre nous, et je me comprends dans ce nombre, après avoir fait une affreuse grimace au premier verre avalé de cette boisson, avons fini par la préférer à l'eau claire des fontaines ; grand nombre de nos camarades ont toujours éprouvé une répugnance insurmontable pour ce breuvage qui, il faut l'avouer, n'a rien de bien engageant pour des estomacs européens.

L'avenue qui précède les premières cases de San-Agustin-del-Palmar à l'Est, est fort curieuse à voir. Qu'on se représente de chaque côté de la route une palissade faite en tiges longues, vertes, cannelées et bordées de piquants tout le long des cannelures, sans branches, la tige toute nue ; ce sont des plantes de la famille des cactus d'Amérique. Les cases et les jardins sont entourés de haies faites de ces plantes qui s'élèvent à trois et quatre mètres de haut.

Palmar est une grande bourgade au centre de laquelle se trouve une immense place carrée qui sert de marché. Les indiens des campagnes voisines y apportent de grandes quantités de légumes, de grains et de fruits. On trouve là à s'approvisionner aisément. La population est énergique et s'organise en milice pour se défendre contre les bandes qui pillent tout au nom de la patrie. Un des côtés de la place est occupé par l'église principale qui est fort vaste et bien construite. Nous reçûmes le meilleur accueil à San-Agustin-del-Palmar.

La route de Quecholac est fort monotone et surtout très-fatigante ; partout du sable. Les campagnes ont meilleure physionomie par ici que plus bas ; la végétation reprend un peu de vigueur. Ce pays est fort giboyeux ; à chaque pas des bandes de lièvres se lèvent des broussailles. Les lièvres de ces contrées sont énormes ; ils ont les pattes hautes et déliées, le corps gros et allongé ; la chair en est fort bonne, mais de qualité inférieure à nos bons lièvres de Bretagne.

L'étape de Quecholac nous parut bien longue, bien rude ; le soleil était accablant ; la chaleur suffocante que nous eûmes tout le long de cette route ne contribua pas peu à augmenter notre lassitude ; nous arrivâmes exténués au bivouac. Une partie de la division était campée dans les environs et au centre même du village, dans les immenses *corals* des maisons.

Quecholac est un bourg d'environ deux mille âmes, fort bien situé au pied d'une petite chaîne de montagnes qui l'abritent des vents du Nord-Ouest. La disposition de ces montagnes établit des courants continuels assez violents qui entraînent avec eux les pluies et les orages ; aussi il pleut rarement dans les environs ; en revanche les rosées y sont fort abondantes et la terre d'une grande fertilité.

Je vis là un digne prêtre, véritable apôtre, prêchant par l'exemple toutes les vertus chrétiennes et ne fuyant pas la société à laquelle il enseignait à faire le bien.

J'ai entendu, dans plusieurs villes du Mexique, dire beaucoup de mal contre le clergé mexicain ; je crois ces propos exagérés, et, sans chercher à les réfuter, je dois déclarer que j'ai rencontré sur mes pas des prêtres fort respectables, vénérés des populations et portant sur leur physionomie l'apparence de la sainteté la plus manifeste.

On accuse l'inquisition au Mexique d'avoir été la principale cause de la révolution parcequ'elle faisait obstacle à la dissémination des lumières et aux progrès de la raison humaine. Aucun livre ne pouvait pénétrer dans le pays sans passer sous les yeux des inquisiteurs, et la confession, l'excommunication étaient des moyens de police employés pour découvrir les contrevenants.

Je ne sais ce qu'il y a de vrai dans ces accusations formulées au Mexique par des personnes de bonne foi, ayant une connaissance parfaite des hommes et des choses de ce pays, mais ce que l'on peut observer c'est que, non-seulement au Mexique mais encore dans toute l'Amérique espagnole, les points où la colonisation a prospéré, où il a été fondé des établissements agricoles, industriels et d'enseignement qui ont réussi, ce sont les Jésuites qui les ont créés ; ces établissements ont dépéri depuis l'expulsion de ces hommes, si remarquables par leur savoir, leur intrépidité et leur dévouement à l'humanité.

Le gouvernement qui expulsa les Jésuites du Mexique priva ce pays des seuls hommes qui, à cette époque, pussent éclairer les indiens, et bientôt il regretta d'avoir commis cette faute dont le pays supportera longtemps les conséquences.

Les habitants de Quecholac sont affables, bienveillants et tout à fait disposés pour la cause de l'intervention française ; nous n'avions pas encore rencontré une population aussi amicale que celle-là. A part l'apathie naturelle au tempérament du mexicain apathie que l'on remarque également chez les gens de Quecholac comme partout ailleurs, cette population fait exception entre toutes celles que nous avons déjà vues. Un hasard aussi heureux qu'inattendu me fit passer une soirée fort agréable dans une famille qui m'invita à diner. On raconta à table, entr'autres évènements, qu'un mois avant la sortie d'Orizaba de l'armée française, *Messire Carvajal*, gouverneur de l'état de Tlaxcala, chef de bandes de voleurs, général de division dans l'armée mexicaine, ami de Juarez et d'autres personnages importants de la république, était tombé à l'improviste sur Quecholac avec une troupe nombreuse, avait pillé toutes les maisons et laissé ses hommes commettre toutes sortes d'infamies.

Chaque fois que le nom de ce brigand redouté était prononcé, tout le monde se signait comme font les bonnes femmes de mon hameau lorsque l'orage gronde et qu'il fait des éclairs. La terreur attachée à ce nom était extraordinaire. Je remarquai surtout une jeune fille triste, mélancolique, abattue, qui frissonnait visiblement. Sa physionomie douce et agréable prévenait en sa faveur, et instinctivement on comprenaît que cette malheureuse enfant souffrait beaucoup.

Je fus attristé profondément des peines qui pouvaient accabler cette jeune personne ; elle osait à peine lever ses yeux indécis, et parfois son corps se prenait à trembler avec une violence extrême. Je cédai au désir de connaître le motif de cette tristesse qu'insensiblement elle m'avait communiquée. Mon voisin était son frère aîné ; je me hasardai, non sans peine, à lui demander ce que cette jeune personne, qui ne prenait aucune part à la conversation générale, pouvait avoir pour être si sombre.

— C'est une histoire épouvantable, horrible, me dit tout bas le jeune homme, je ne puis vous raconter cela ici ; lorsque vous rentrerez au camp, j'irai vous conduire, et vous apprendrez le malheur immense qui a frappé cette bonne créature à son début dans la vie.

Je bouillais d'impatience. —Une histoire épouvantable, horrible, que pouvait-elle être ? —Dès que je pus saisir le moment favorable, je sortis ; le jeune homme vint m'accompagner comme il me l'avait promis. Il était neuf heures du soir, il faisait une nuit profondément obscure ; le vent mugissait avec violence au-dessus de nous, soulevant des tourbillons de sable qui nous aveuglaient ; nous allâmes nous abriter derrière une case au bord de la route, près du camp, et là, malgré le vent, malgré la poussière, je le priai de commencer son récit.

« — Vous avez dû remarquer, me dit-il, quelle frayeur cause à ma famille le seul nom de ce misérable Carvajal qu'on ne devrait prononcer jamais chez nous, par égard pour mon infortunée sœur, et que cependant on répète à chaque instant, tant les esprits sont frappés d'épouvante. Ce n'est pas sans motif, comme vous allez voir, que les mères de famille sont sous l'influence d'une semblable émotion.

« Au mois de décembre dernier, quelques jours avant l'arrivée de l'armée française sur le plateau, ce chef de bande arriva pendant la nuit, fit venir l'alcade et le somma de lui faire délivrer sans délai : mille piastres, vingt bœufs et cent sacs de grains. Ces exigences pouvaient être satisfaites malgré les nombreuses saignées faites aux ressources des habitants, et l'alcade allait immédiatement obtempérer à cette réquisition quelque tyrannique qu'elle fût ; le bandit ajouta en outre qu'il désirait qu'on lui amenât une jeune fille qu'il lui désigna.

« Tout cela était demandé au nom de la république mexicaine *dont le sol sacré était envahi par l'étranger.*

« L'alcade connaissait l'homme à qui il avait affaire ; refuser l'exposait à être fusillé sur le champ ; consentir le couvrait à jamais de déshonneur aux yeux d'une population que l'on citait pour sa probité et ses bons instincts.

— Seigneur, dit-il humblement, il n'y a à Quecholac aucune fille digne de vous ; elles sont toutes laides et mal élevées....

« Ce malheureux n'avait pas achevé de parler qu'il était garrotté, assommé de coups et jeté dans un cachot.

« Dès que l'arrivée de cette bande avait été signalée au village, les pauvres mères désolées avaient conduit leurs filles chez le curé, digne ecclésiastique vénéré de tous, de qui les vertus intimidaient les bandits. Ces jeunes filles se trouvaient en parfaite sécurité dans ce saint asile.

« Carvajal impatient sort, résolu à agir de violence pour assouvir ses infâmes instincts. Il parcourt le village. Ma mère et ma pauvre sœur Anita sortaient de la maison pour se réfugier en toute hâte au presbytère, lorsqu'elles furent aperçues de cet infâme ; il arracha ma sœur des bras de ma pauvre mère, qui tomba évanouie autant par frayeur du scélérat que frappée du malheur immense qui lui faisait perdre son enfant ; depuis cette époque, ma sœur n'avait plus reparu. Que de larmes nous avons tous répandues sur son triste sort ! Nous n'osions plus espérer la revoir, lorsqu'il y a quelques jours elle nous est arrivée, éperdue, triste, amaigrie par les larmes qu'elle avait versées ; elle prononçait des mots dénués de sens ; la malheureuse était folle ! oui folle, le désespoir l'avait mise en cet état !

« Depuis son arrivée, chaque nuit elle pousse des cris stridents, elle émeut tout le voisinage. On regarde la pauvre insensée avec commisération lorsqu'elle passe ; malgré sa folie, elle a conscience de tout son malheur, elle se tient constamment isolée, elle ne parle jamais.

— Pauvre enfant ! je ne demande au ciel qu'une grâce, c'est de pouvoir laver son honneur dans le sang de ce monstre ; j'espère voir luire ce beau jour ! »

Ce lugubre récit débité en castillan avec le ton passionné que le Mexicain emploie pour communiquer aux autres ce qu'il ressent lui-même, l'obscurité profonde de la nuit, la voix plaintive de l'aquilon qui menaçait d'enlever la case derrière laquelle nous étions abrités, de plus les fatigues de cette longue étape, tout contribua à me monter l'imagination au point que toute la nuit je fus en proie à un horrible cauchemar ; je rêvai de Carvajal et de ses méfaits. Je voyais un être diabolique, moitié homme moitié bête féroce, hideux et cruel, se baignant avec volupté dans le sang de ses victimes. Mais quel ne fut pas mon étonnement lorsque j'appris, par des personnes qui l'avaient vu, que ce féroce brigand était un jeune homme de vingt-huit à trente ans, de belle physionomie, de manières distinguées, que l'on prendrait plutôt pour un gentilhomme que pour un chef de bandits! On évalue à trois millions de piastres (environ quinze millions de francs) la fortune qu'il a réalisée avec le produit de ses exploits. Le gouvernement de Juarez, ne sachant de quelle manière récompenser les prouesses de cet honnête citoyen, l'a nommé général de division dans l'armée *libérale* et gouverneur de l'état de Tlaxcala ; espérons qu'un jour ou l'autre nous atteindrons cet *honorable* adversaire.

# IX

Bivouac d'Acatzingo. — Mouvements de l'armée. —
Investissement de Puebla.


Acatzingo est certainement le bourg le mieux
construit, le mieux situé et le plus populeux qui se
voie sur la route depuis Orizaba ; une immense place
au centre de la ville avec un marché considérable
tenu par plusieurs milliers d'indiens des deux sexes.
La disposition de la ville est d'ailleurs dans le genre
de Quecholac ; le matériel et les chevaux furent
abrités dans les nombreux et vastes *corals* des
environs. La campagne triste et nue jusques ici
n'offre plus cette végétation rabougrie, ces terres
sablonneuses que nous foulons depuis plusieurs jours
mais une nature riche et forte. Les environs d'A-
catzingo, jusque du côté de Los Reyes, sont cultivés
en jardins potagers, parfaitement arrosés par les
eaux abondantes dont le pays est doté.

C'était jour de marché, toute la population était

dehors, il régnait sur ce point une animation extraordinaire ; les rues, les terrasses des maisons étaient couvertes de population se réjouissant de notre arrivée.

Au moment où vont commencer les opérations militaires, nous ne pouvons mieux faire connaître la situation des divers corps de l'armée qu'en reproduisant un extrait du journal adressé à l'Empereur par le général en chef.

« Nous. avons traversé plusieurs villages ; les
« habitants ne témoignent aucune crainte à notre
« aspect. Certes, le gouvernement de Juarez ne peut
« pas dire qu'il nous fait une guerre nationale, car
« nous ne voyagerions pas plus tranquillement en
« France, et survînt-il quelque part sur nos der-
« rières une attaque, soit contre nos convois soit
« contre les localités qui nous ont montré quelque
« sympathie, cela ne changerait pas la situation et
« ne pourrait être considéré que comme un fait
« naturel, puisque de tout temps il y a eu dans ce
« pays, et il y aura longtemps encore, une partie
« de la population qui ne fait pas autre chose que
« le métier de bandits sous le nom de guerillas.

« Le général Douay se porte demain, comme je
» l'ai mentionné hier à Votre Majesté, à San-Bartolo
« et le général L'Hérillier à Tépéaca, laissant un
« bataillon à Los Reyes.

« Je vais m'occuper moi-même de porter des
« troupes de la brigade de Berthier, qui va venir
« à Acajete, jusqu'à Amozoc, petite ville située

« au point de jonction des routes d'ici à Puebla et
« de Nopalucan à cette même ville qui nous sera
« utile comme point de concentration de nos deux
« colonnes qui opèrent depuis longtemps sépa-
« rément. Ce serait même un excellent point où
« nous pourrions former des magasins, si les mou-
« lins qui existent à Quecholac ne nous forçaient
« à les laisser là et à y conserver une garnison que
« je compte former d'un bataillon qui, au moyen de
« quelques ouvrages que le génie y pratique en ce
« moment et qui enceignent nos dépôts, y sera en
« toute sûreté jusqu'au moment où la prise de
« Puebla me permettra d'avancer sur cette dernière
« place tout ce qui sera resté à Quecholac. — « 5
« mars. — Le général Douay'a exécuté son mou-
« vement hier sur San-Bartolo et Tépéaca. Il l'a
« effectué sans accident et sans avoir vu un seul
« ennemi. Le général L'Hérillier doit se mettre en
« communication aujourd'hui avec le général de
« Berthier qui est arrivé le 4 à Acajete. Dans leurs
« positions respectives, nos deux colonnes se pro-
« tégent mutuellement et n'ont rien à craindre de
« l'ennemi. Celui-ci a sans doute été ému de mon
« départ d'Orizaba et de mon arrivée à Quecholac.
« Il s'est concentré à Puebla où l'on a même rappelé
« les détachements de cavalerie laissés dehors.
« Juarez est venu de Mexico à Puebla où il a passé
« une grande revue à laquelle ont assisté 18,000
« hommes. Juarez a harangué les troupes et est
« reparti pour Mexico. Comonfort, qui se tient vers

« San-Martin avec son corps d'observation que l'on
« dit fort de trois mille réguliers et autant de
« volontaires, est venu à Puebla avec Juarez et est
« retourné après la revue à son poste d'observation
« de San-Martin d'où il surveille la route de Tlax-
« cala.

« Bazaine, d'après mes instructions, doit lui don-
« ner des inquiétudes de ce côté en poussant de fré-
« quentes reconnaissances vers Huamantla, en
« faisant courir le bruit que San-Martin est un
« objectif sérieux pour nous et en commandant aux
« *hacienderos* de préparer des approvisionnements.
« San-Andrès est entièrement évacué, et le 20e batail-
« lon de chasseurs à pied qui y restait seul arrive à
« Nopalucan où le général Bazaine a sa division
« massée avec des forces qui s'étendent de là à Aca-
« jete.

« Je fais venir ici tout le matériel de l'artillerie et
« du génie, de sorte que, dès que le général Neigre
« me ramènera ce qui est encore échelonné entre
« Quecholac et Orizaba, je prononcerai définitivement
« le mouvement offensif sur Puebla ; dans aucun
« cas, du reste, ce mouvement n'aurait pu se faire
« plus tôt qu'il ne s'effectuera, par la nécessité où
« nous avons été de transporter à Quecholac de
« nombreux approvisionnements amassés à San-
« Andrès, de les porter en avant ainsi que les muni-
« tions de guerre, toutes choses qui ne peuvent se
« faire que peu à peu.

« 6 mars. — J'ai enfin reçu avis de l'arrivée de

« notre convoi d'argent à Orizaba. Parti de cette
« ville le 5, il sera ici le 9. Le général Neigre partira
« le 6, de manière à nous apporter le courrier de
« France. Il ramènera avec lui la majeure partie de
« sa brigade qui est échelonnée sur la route, en sorte
« que nous allons nous porter en avant. J'adresse à
« Votre Majesté la traduction d'une proclamation que
« Juarez a adressée à l'armée d'Orient, à l'occasion de
« sa revue. Il est étrange que le chef d'un gouver-
« nement qui porte de si rudes atteintes à la liberté
« et qui se joue avec tant d'impudence des droits de
« l'humanité, fasse un pareil abus de ces mots qui
« sont si peu d'accord avec ses actes.

« Je suis allé visiter hier Los Reyes où nous avons
« un détachement. La population de ce gros village,
« qui contient trois mille indiens, se pressait autour
« de moi et c'était à qui me toucherait la main. Si
« Juarez avait vu et entendu ces bonnes gens qui
« nous considèrent comme leurs libérateurs, il ne
« prétendrait pas que son gouvernement est popu-
« laire.

« Le 7 mars. — Comme mouvement préparatoire
à l'investissement de Puebla, je porte le 9 le géné-
« ral Douay avec toute sa brigade à Amozoc. A cet
« effet, je le remplace à San-Bartolo et Tépéaca par
« le 51e de ligne que je fais monter d'Acajete et je
« prescris au général Bazaine de resserrer les can-
« tonnements sur ce dernier point, ayant sa droite à
« Nopalucan, de manière à masser sa division à
« Amozoc en deux marches, mais en laissant toujours

« Marquez à Ixtengo et Zoltépec pour laisser l'enne-
« mi dans le doute sur notre véritable direction.

« Le général Neigre ramasse sa brigade échelonnée
« à Aculcingo, Puente-Colorado, La Cañada, Palmar,
« Quecholac, et, après avoir laissé dans cette dernière
« ville qui est le centre de nos approvisionnements,
« le 2ᵉ bataillon du 81ᵉ de ligne, qui en forme la
« garnison jusqu'à nouvel ordre, il arrivera ici le
« 9 ou le 10, et le 11 je serai en mesure, je l'espère,
« de masser toute l'armée en avant d'Amozoc, pour,
« de là, procéder à l'investissement de Puebla.

« Le 10 mars. — Le mouvement du général Douay
« sur Amozoc s'est effectué hier ; il a rencontré en
« avant de cette ville quelques cavaliers qui se sont
« enfuis, et, arrivé dans la ville, il a essuyé quelques
« coups de feu tirés des jardins sur son avant-garde
« par des partis nombreux de cavalerie ; mais,
« comme j'avais pris mes dispositions pour enlever
« Amozoc, si l'ennemi paraissait disposé à le défen-
« dre, les cavaliers ont promptement évacué leurs
« positions et se sont retirés sur Chachapa où les
« Mexicains, dit-on, ont des forces considérables en
« cavalerie et en artillerie de campagne.

« Le général Douay se proposait de pousser ce
« matin une reconnaissance de ce côté. Il a trouvé
« les puits d'Amozoc bouchés et encombrés, mais
« non corrompus, comme on le disait, par des ani-
« maux morts qu'on y aurait jetés. Il y a aussi aux
« environs, des mares où l'eau est assez abondante
« pour nos animaux.

« La ville renferme, comme toutes celles que nous
« avons traversées sur le plateau, des *corals* très-
« commodes pour contenir nos voitures et nos che-
« vaux et mules. J'occupe la ville militairement et
« je m'empresse d'y faire conduire tout notre maté-
« riel, ce qui exigera trois ou quatre jours.

« Afin de garantir nos convois de toute insulte par
« Tépéaca au sud de laquelle se tiennent des bandes
« que l'on dit assez nombreuses, surtout vers Técali,
« j'ai porté sur Tépéaca tout le 51e de ligne qui était
« partagé depuis le 8 entre cette ville et San-Bartolo,
« et j'ai dirigé le 1er régiment de zouaves en entier
« sur San-Bartolo. De cette manière, la marche de
« nos convois est parfaitement assurée.

« Il me reste ici un bataillon du 81e et le 18e ba-
« taillon de chasseurs à pied avec un peu de cava-
« lerie. Dès que la majeure partie du matériel aura
« évacué Acatzingo, je porterai mon quartier géné-
« ral à Amozoc.

« Outre le 51e de ligne, j'ai dirigé sur Tépéaca les
« 200 cavaliers mexicains du colonel de la Pena,
« officier énergique qui était à la Soledad dernière-
« ment et dont j'ai été fort satisfait.

« Le bataillon d'infanterie de marine arrive de-
« main ; je m'occupe à organiser les troupes auxi-
« liaires. Quant à créer un corps d'indiens, la chose
« sera peut-être possible plus tard, mais, en ce
« moment, cette malheureuse et intéressante popula-
« tion est sous un tel régime de terreur qu'une
« semblable création est tout à fait impraticable. Ce

« qui me donne quelque espoir que le temps pourra
« modifier la situation dans le sens indiqué par
« Votre Majesté, c'est que, depuis que je me suis
« porté en avant, plusieurs faits se sont produits sur
« nos derrières qui dénotent une tendance de la
« part des indiens à secouer le joug et à défendre
« leurs propriétés et eux-mêmes contre les guerillas. »

Pendant toute la journée du 11 mars nos convois
s'acheminèrent sur Amozoc escortés par des troupes
échelonnées sur tout le parcours et qui se relevaient
de poste en poste.

Les parcs d'artillerie et du génie arrivèrent à
Amozoc avec tout le matériel dans la journée du 14.
Le général en chef arriva lui-même le 14 au matin,
ne laissant derrière lui que la brigade Neigre qui
devait se rallier le lendemain soir. C'était le 15 mars,
jour fixé pour la concentration de toutes les troupes
sur Amozoc et même en avant de ce point.

Toutes les dispositions avaient été prises pour in-
vestir Puebla le 18.

Le 16 mars au matin, la division Douay se massa
sur la route, ayant en avant d'elle une avant-garde
de cavalerie et des lignes de tirailleurs sur les flancs.
On exécuta à travers champs de magnifiques manœuvres comme sur un terrain d'exercice. Personne
de nous ne comptait arriver sous les murs de la place
sans rencontrer l'ennemi qui avait de belles positions
à nous disputer à l'est de Puebla.

Nos chasseurs culbutèrent au village de Chachapa,
à mi-chemin, un avant-poste de cavaliers ennemis

qui s'enfuit à toute bride, et la marche de notre division n'éprouva pas le moindre temps d'arrêt. Après avoir dépassé Chachapa, une partie de la brigade Neigre opéra à gauche de la route dans un terrain fort accidenté, laissant des troupes en colonnes serrées entr'elles et la brigade de l'Hérillier qui exécutait sa marche dans les terrains plus faciles sur la droite. Nous trouvâmes dans les broussailles des proclamations imprimées tout récemment à Puebla. L'ennemi, en battant en retraite, en avait semé des milliers d'exemplaires que nous lûmes avec un certain dégoût ; les *libéraux* engageaient nos soldats à la désertion. Ces écrits étaient signés par un certain nombre de déserteurs qui n'avaient pas eu honte d'abandonner nos rangs au moment des combats. Un ordre du jour, adressé à l'armée par le général en chef, flétrit comme ils le méritaient les quelques misérables qui s'étaient rendus coupables de cette lâcheté.

Il ne sera pas sans intérêt pour le lecteur de reproduire ici quelques-uns de ces discours écrits en mauvais français et dont nos troupiers allumèrent leurs pipes.

Soldats français !

« Depuis un an vous souffrez sous un joug despo-
« tique ; vous rongez votre frein et cela sans oser
« rien dire ; qu'espérez-vous d'un souverain parjure
« à ses serments qui, non content de faire peser un
« joug terrible sur une nation, veut encore dans

« son orgueil asservir un pays libre? Vous tous,
« que depuis de longues années conduit à la victoire
« le drapeau français, partagerez-vous plus long-
« temps une opinion aussi sotte que ridicule? Car
« enfin, pourquoi portez-vous les armes contre ce
« pays? Avez-vous un motif plausible pour cela?
« Que vous en adviendra? La mort ou une vile igno-
« minie! quelle gloire! Pauvres victimes qui agissez
« suivant le bon gré de ce tigre sorti des enfers,
« pour le malheur de la pauvre France, n'aurez-
« vous donc jamais assez de force pour vous regim-
« ber contre cette volonté tyrannique et crier d'un
« commun accord: Vive la liberté! Cette liberté tant
« enviée par nous tous Français, qui vous l'offrira
« dans de meilleures conditions que la République
« Mexicaine? Croyez-en l'expérience d'un de vos
« camarades de chaîne qui maintenant se dit libre!
« Je vous entends vous écrier tous: nous sommes
« esclaves de la discipline et, de plus, nous avons un
« échec à venger. Croyez-moi, ne comptez pas sur
« vos gloires passées; *craignez plutôt de tomber de*
« *Charybde en Scylla* (sic).

« Vous me direz aussi: nous sommes Français,
« nous avons juré fidélité à notre drapeau. Soldats!
« où il y a parjure il n'y a plus de France. Trouvez-
« moi dans les annales un acte d'oppression aussi
« tyrannique, alors je me rendrai à votre raisonne-
« ment; mais non, vous savez tout aussi bien que
« moi qu'il n'en existe pas. Qui donc vous retient
« dans cette *mauvaise voie?* Un ridicule amour-

« propre, à d'autres je dirais le fanatisme ; mais il
« me semble qu'à tout esclave il est permis de briser
« ses chaînes.

« Souffrirez-vous plus longtemps qu'on vous ré-
« duise à la famine, ayant devant vous la terre pro-
« mise ? Croyez-moi, Français en général, *zouaves*
« *en particulier*, abandonnez cette vile cause et
« placez-vous sous les auspices d'une terre hospi-
« talière qui, loin de vous en vouloir, vous tend
« les bras. On vous berce, je le sais, d'un faux
« espoir, on vous dépeint le pays comme aride et
« ingrat ; chimères que tout cela, car cette belle
« France que vous aimez tant et pour laquelle vous
« prodiguez votre sang, cette noble France, dis-je,
« n'est même pas un reflet de cette République.
« Est-ce l'ambition qui vous guide ? Mais ici vous
« trouverez l'or à l'état vierge. Est-ce la gloire ?
« Alors, croyez-moi, ce n'est pas en poursuivant la
« tâche que l'on vous impose que vous l'acquerrez.
« Venez, la République est assez vaste pour conte-
« nir tous ceux qui secoueront leur joug. Plus il y
« en aura et mieux nous serons. Beaucoup croient
« aussi qu'on les force à prendre les armes ; rassu-
« rez-vous, on comprend parfaitement ici qu'un
« homme de cœur et d'honneur ne peut porter les
« armes contre ses compatriotes sans se salir.

« Soldats ! sans plus attendre, anathème au tyran !
« anathème au spoliateur de tous les droits, et, sans
« aucune crainte, placez-vous sous l'égide de la
« République Mexicaine, c'est-à-dire de la *liberté*. »

Nous faisons grâce au lecteur du nom de l'illustre écrivain qui composa ce galimatias dont le gouvernement de Puebla n'eût pas honte de se servir.

Sa seconde proclamation beaucoup plus courte s'exprime ainsi :

« Chers camarades, tous les jours on vous dit que la
« République Mexicaine est triste, que c'est un
« pays de *barbares presque sauvages et non civi-*
« *lisés* ; ne croyez pas tous ces mensonges, car *c'est*
« *faux*. Notre République, je dis notre, parce que
« je suis républicain, est le seul pays où règne la
« liberté, la fraternité, la joie et le bonheur. Amis,
« retirez donc ce bandeau que vous avez devant les
« yeux et venez vous jeter dans les bras de ces
« hommes qui vous recevront comme des frères.

Fait à Mexico, le 7 mars 1863.

Enfin, dans la barranca de Amalucan, on trouva plusieurs centaines d'exemplaires d'un écrit non moins curieux :

« Soldats Français ! vous venez faire la guerre à
« un peuple ami, à des hommes qui ont toujours
« regardé les Français comme des frères. Vous venez
« battre un peuple qui a lutté pendant quarante ans
« pour son indépendance et sa liberté, qui est prêt
« à fraterniser avec tous les hommes qui le désirent.
« Depuis que cette nation a secoué le joug de ses
« oppresseurs, ses portes ont été ouvertes à tous
« les proscrits politiques, à tous les émigrés et sur-

« tout aux travailleurs, quelle que soit leur religion.
« Frères, au lieu de vos fusils, venez avec des ins-
« truments de travail, apportez votre intelligence,
« vos lumières, et les Mexicains qui ont la bravoure
« et l'abnégation pour supporter les fatigues de la
« guerre, et surtout une grande humanité, vous
« tendront les bras et vous feront part des richesses
« de leur beau pays. Après son indépendance, les
« Français ont tous été les privilégiés. Si dans ces
« derniers temps il y a eu quelques malheurs, quel-
« ques crimes à déplorer, ces crimes abominables à
« qui les attribuer? au *tigre* que vous abritez de
« votre drapeau.

« Vous avez quitté votre patrie, vos familles, et
« malheureusement beaucoup d'entre vous laisseront
« ici leurs cendres. Et pourquoi? Pour des récla-
« mations infâmes de quelques vils agioteurs qui
« ne sont pas même Français, pour rétablir ce que
« vous avez renversé dans votre immortelle révolu-
« tion de 89!

« La mission de l'armée française est de voler au
« secours des peuples opprimés. Vous l'avez remplie,
« cette belle mission, en Crimée, en Italie; là, vous
« avez cueilli des lauriers immortels. Mais que dira
« la France? Que dira-t-elle plus tard? Que dira le
« monde entier de votre campagne au Mexique? On
« dira que vous êtes venus tuer la liberté, que
« vous êtes venus assassiner des amis. Frères,
« laissons cette lutte fratricide. Ce sont des
« soldats de l'indépendance qui vous adressent ces

« mots pour vous éclairer ; ces soldats sont prêts à
« verser leur sang pour leur pays, mais combien il
« leur serait plus *agréable* (le mot est plaisant) de
« contribuer par la persuasion à ramener la paix
« entre nous et à vous serrer fraternellement la
« main plutôt que de vous entre-tuer.

« Ainsi donc, chers frères, mettez les sabres et
« les baïonnettes dans les fourreaux, pour ne plus
« les sortir que pour une cause juste et réelle. Mes
« chers amis, je termine en vous recommandant de
« faire, sur ce que je viens de vous dire, les ré-
« flexions les plus *convenables*. »

Piteux langage adressé par des misérables déma-
gogues aux braves soldats de notre armée qui
accueillirent toutes ces plaisanteries avec le plus
profond dédain.

# X

Investissement de Pueb'a.

Nos têtes de colonne rencontrèrent dans le village d'Amalucan quelques tirailleurs ennemis qui furent délogés sans peine. Les chasseurs de la brigade L'Hérillier enlevèrent au pas de course les hauteurs d'Amalucan pendant que nous chassions de la route quelques cavaliers ennemis. Nous nous établîmes aussitôt sur les premiers mamelons du Tépozuchil. De ces hauteurs, on distingue toute la ville de Puebla, qui, de ce point, produit l'effet d'une vaste cité du milieu de laquelle s'élève un nombre considérable de dômes brillant au soleil et de clochers de toutes dimensions. Au Nord sont les cerros de Guadalupe et Loreto, dont on aperçoit les fortifications que surmonte le pavillon national. Ces ouvrages ont été l'objet de modifications importantes depuis le mois de mai 1862.

L'église de Notre-Dame de Guadalupe, qui s'élevait

du milieu du fort de ce nom, a été rasée par les Mexicains, et les clochers ont été démolis au grand désespoir des Pueblans qui professaient pour ce sanctuaire une vénération toute particulière. De plus, ce fort a été relié par un chemin couvert à celui de Loreto, dont il est éloigné d'environ mille mètres. Les défenses de Guadalupe ont été considérablement augmentées. Elles sont construites sur une hauteur située à environ douze cents mètres de la ville. Le fort qui domine le cerro peut être à cent dix mètres de hauteur. Loreto a toujours son église, mais elle paraît délabrée.

Voici comment les travaux de défense de la place avaient été disposés, et l'emplacement occupé par chacun des corps de l'armée ennemie.

On attribue les principaux travaux à l'ingénieur Columbres, sous la haute direction du général Mendoza chef d'état-major général d'Ortega.

Quatre lignes de défenses entouraient Puebla dans l'ordre suivant : La première ligne allait jusqu'au nord de la place, comprenant les forts de Guadalupe et de Loreto surnommé : *le 5 mai*, en commémoration du combat qui eut lieu en 1862. Entre ces deux forts, on avait construit une flèche reliant les églises de San-Antonio, San-Jose et el Calvario, le fort de l'Indépendance et la petite église de Xonaca.

La deuxième ligne de défenses comprenait la partie est de la ville ; le fort de Zaragoza, construit autour de l'église de Los Remedios ; le fort de Totiméhuacan, surnommé fort des ingénieurs, comprenant

les églises de Analco, la Croix et San-Francisco,
ainsi que le rancho de la Rosa et tout le terrain
compris entre le Rio-San-Fráncisco et la route qui
mène à Amozoc.

La troisième ligne était située au Sud et comprenait les forts de Hidalgo ( Carmen), Morelos connu
vulgairement sous le nom de Parral, avec plusieurs
édifices adjacents, au nombre desquels se trouvaient
l'église de la Soledad, le moulin d'el Carmen, le
rancho de la Magdalena, los Gozos et le poste avancé
de l'église de Santiago.

Enfin, la quatrième ligne, qui couvrait toute la
partie ouest, comprenait les forts de Iturbide (pénitencier de St-Xavier), de la Réforme (Santa Anita),
joints par des courtines aux édifices qui se trouvent dans cette même ligne ; ces édifices fortifiés
étaient : les églises de Guadalupe, de San-Marcos, de
San-Pablo, et le Refuge.

La défense intérieure était formidable : le premier front partait de la barricade de la rue Mesones,
à l'est de la place, jusqu'à une autre barricade très-
forte construite à San-Geronimo ; d'autres barricades
formaient le second front de défense intérieure, depuis
le collége de San-José-de-Gracia jusqu'à la Concor-
dia, avec direction vers le Sud  Le troisième front
intérieur s'étendait du parapet établi rue Siempre-
viva jusqu'à la porte fausse de los Gallos. Le quatrième, au Nord-Est, depuis la place del Mercado
jusqu'à la porte fausse de Santo-Domingo, et finalement le cinquième front fortifié occupait les quar-

tiers compris de la petite place de San-Luis à la rue de Santa-Térésa, avec direction vers le nord de la place. La 1ʳᵉ division d'infanterie mexicaine ennemie était commandée par Philippe Berriozabal ; elle comptait trois brigades composées de neuf bataillons venus de Toluca, Oaxaca et Xalisco. On attribuait au général Berriozabal le mérite d'avoir fait de sa division la meilleure et la mieux organisée ; cette division avait un effectif général de 3,820 hommes.

Michel Negrete était chef de la seconde division d'infanterie composée des bataillons de rifles de la Réforme et de Quérétaro pour la première brigade ; de ceux de Aguascalientes, de San-Luis et de Chiapas formant la seconde brigade. Enfin, la troisième brigade de cette division était composée des 1ᵉʳ, 2ᵉ et 4ᵉ régiments de Puebla. L'effectif de ces trois brigades était de 3,500 hommes.

La troisième division était aux ordres du général Florent Antillon qui conduisait les bataillons de la Réforme de Guanaxuato. Ces bataillons étaient fort bien équipés, et habillés avec plus de luxe que les autres corps. Deux mille hommes composaient l'effectif de la 3ᵉ division.

La 4ᵉ division, commandée par le général François Alatorre, était composée des bataillons de Zacatécas ; une de ses brigades était commandée par un réfugié italien nommé Chilardi qui se suicida à Puebla le 17 mai, jour de la reddition de la place. L'effectif de la 4ᵉ division était de 3,200 fantassins.

Ignace de la Llave commandait la 5ᵉ division que

composaient les bataillons de Tuxpan, et rifles de Vera-Cruz, et les régiments nᵒˢ 1 et 2 de l'état de Guerrero. — 2,500 hommes d'effectif.

Une brigade d'élite, composée des bataillons nᵒˢ 1 et 2 d'Oaxaca, d'un effectif total de mille hommes, complétait l'arme de l'infanterie dont l'effectif total s'élevait à seize mille hommes.

La cavalerie était commandée par le général Antoine Alvarez ; elle se composait de deux brigades ; les lanciers de Toluca, les lanciers de Zacatecas, ceux de Durango et les guerillas de Carvajal et d'Auréliano ; l'effectif de cette cavalerie était d'environ quatre mille chevaux.

L'artillerie comptait huit brigades de quatre batteries chacune, formant ensemble plus de cent quatre-vingt-douze pièces, sans compter l'artillerie de montagne.

Il arriva en outre, la veille de l'investissement, un renfort de trois brigades dans la place, ce qui porta le total de l'armée ennemie enfermée dans Puebla à vingt mille hommes d'infanterie, quatre mille de cavalerie et deux mille de l'artillerie ou du génie.

Indépendamment des nombreuses fortifications que nous avons énumérées plus haut, le général Mendoza, un des chefs les plus actifs que comptât l'ennemi, fit construire, autour de la cathédrale, un réduit armé de canons et entouré d'immenses fossés inondés.

A neuf heures du matin, le 16 mars, le fort de Guadalupe nous salua d'un coup de canon, annonçant aux habitants de la ville que l'avant-garde française était en vue.

La division Bazaine arriva dans l'après-midi et s'établit sur les points occupés par nous depuis le matin. Le général Douay alla camper avec sa division à la hacienda de Manzanilla au nord de Guadalupe, dans la plaine, à environ deux mille mètres de distance. De ce point on devait faire des reconnaissances pour préparer le mouvement tournant par le Nord-Ouest de la place, pendant que le général Bazaine agirait par le Sud-Est.

Le 17 mars au matin, toutes les troupes des deux divisions se mirent en marche pour reconnaître les passages ; ces manœuvres causèrent une grande inquiétude à l'ennemi qui observait ces évolutions si diverses, l'une au Nord, l'autre au Sud

Le petit corps du général allié Marquez arriva à midi à la Manzanilla, précédé d'une musique bruyante et d'une nombreuse bande de tambours. Les hommes étaient assez bien outillés et semblaient bien disposés à la coopération qu'ils devaient nous prêter. Ils avaient un effectif d'environ deux mille hommes tant infanterie que cavalerie et quatre pièces de campagne. Ces canons étaient du nombre de ceux pris sur l'ennemi au Cerro-Borrego.

Une forte division sortit des forts de Puebla et vint parader sur les hauteurs, manœuvrant une partie de la journée ; après quelques heures elle rentra dans la place.

Le 18, à trois heures du matin, la division Douay

ainsi que les troupes de Marquez quittèrent leurs campements de Manzanilla, sans tambours ni trompettes. Il s'agissait d'enlever par un coup de main hardi le Cerro-San-Juan qui commande la ville du côté Ouest. Cette manœuvre tournante, en trompant l'ennemi sur nos desseins, devait faciliter la prise de cette importante position. La route directe de la Manzanilla au Cerro-San-Juan était trop rapprochée de la place, et, lors même qu'on eût exécuté une marche de nuit, il n'était pas probable qu'on parvînt à cacher ce mouvement à l'ennemi. On appuya au Nord par le village de Resurreccion où mène un chemin des plus difficiles. Après de vigoureux efforts on surmonta tous les obstacles, et on arriva au village de San-Aparicio où se présentèrent de sérieuses difficultés de terrain : une barranca profonde avec des pentes tellement escarpées qu'on ne parvint à les franchir qu'en triplant les attelages ; on fut arrêté là pendant plusieurs heures. On laissa les voitures afin de ne pas perdre un temps si précieux réservé à l'exécution de ce hardi projet. Nos troupes aidèrent le génie à rendre le chemin praticable, et on plaça une partie du convoi sous la garde du bataillon d'infanterie de marine à San-Aparicio.

Quelques cavaliers ennemis en fourrageurs nous observaient à bonne distance, se repliant au fur et à mesure que notre avant-garde de cavalerie gagnait du terrain. Du village de San-Aparicio on distinguait clairement le Cerro-San-Juan qui s'élevait à environ 1,500 mètres du côté Ouest de Puebla. Son sommet

paraissait garni de retranchements, couronnant un
édifice assez considérable. On crut remarquer quelques travaux de fortifications sur les flancs, et on
supposa dès lors que cette position avantageuse devait faire partie du système de défenses extérieures
de la place. Il n'était pas possible que ce point ne
regorgeât pas de troupes et d'artillerie.

Les premiers bataillons de la brigade l'Hérillier
arrivèrent, vers dix heures du matin, avec quatre escadrons de chasseurs d'Afrique, à la grande ferme
de Santa-Maria que venaient d'évacuer les Mexicains.
Décidément l'ennemi ne nous attendait nulle part, si
ce n'est derrière les murs de la ville. On traversa,
sans coup férir, le village de San-Géronimo situé à
1,800 mètres au Nord de Loreto, et on arriva au pied
du Cerro. L'ennemi comprit trop tard son coupable
oubli qui allait mettre entre nos mains une position
forte, du haut de laquelle nous eussions pu bombar-
der la ville. Quelques troupes furent envoyées à
notre rencontre, mais, après un engagement assez
vif, elles durent rentrer dans la place. Un officier de
la cavalerie alliée du général Marquez fut tué raide
dans un engagement en tirailleurs avec les cavaliers
de Carvajal qui étaient sortis en masse par la garita
de Mexico. Mais, en ce moment même, le 1er bataillon
de chasseurs à pied et le 2e régiment de zouaves
étaient au sommet du Cerro où ils s'établirent solidement. On occupa immédiatement la route de
Mexico, et on fit couper le fil du télégraphe qui
mettait Puebla en communication avec la capitale.

Lé général Bazaine, de son côté, opérait par les hauteurs du Tépozuchil, au Sud, dans un terrain fort difficile qui exigea de rudes travaux. Sa division s'établit à San-Bartolo, lieu indiqué dans les instructions. Le lendemain, les deux divisions se mettaient en communication.

L'investissement était complété de la manière la plus heureuse après des manœuvres hardiment exécutées. L'armée se trouvait donc établie de la manière suivante autour de Puebla :

La brigade l'Hérillier occupait la rive droite de l'Atoyac, près du pont de Mexico, à côté du Cerro-San-Juan, à cheval sur la route de Mexico. Les troupes de Marquez étaient établies à la gauche de la brigade l'Hérillier, sur la route qui conduit à la garita del Pulque, coupant toutes communications avec la route de Tlaxcala. La brigade Neigre occupa la plaine au Nord de Guadalupe et Loreto, depuis la hacienda de Santa-Maria jusqu'au village d'Aparicio où le bataillon d'infanterie de marine s'était retranché. San-Aparicio est un poste fort important à cause de sa situation au débouché de plusieurs barrancas qui communiquent avec la ville. En avant de cette ligne, au milieu de la plaine, deux compagnies établirent une redoute et s'y logèrent, observant de plus près l'ennemi. A leur gauche, et vers la Manzanilla, se trouvait le général allié Taboada commandant la Légion d'honneur, petit corps composé de trois cents anciens officiers dépourvus d'emplois qui servaient là comme soldats. Ce corps était une sorte de trait d'union entre nos deux divisions. Sa droite communiquait avec Aparicio et sa gauche avec le Cerro Amalucan où un bataillon de la brigade Castagny était campé. Un autre bataillon de la même brigade occupait le Cerro Tépozuchil, avec des postes dans la plaine ; quelques compagnies étaient placées à cheval sur la route d'Amozoc. Deux compagnies au Cerro de las Navajas.

Plus au Sud de la place, sur la route de Totiméhuacan, les deux escadrons de cavalerie du colonel de la Pena et de Mariano Trujeque. La brigade de Berthier occupa tout le terrain compris entre le pont de Totiméhuacan jusqu'à la rive gauche du Rio Iluexotilla, et de la rive droite de ce cours d'eau à la hacienda de la Noria et au pont de las Animas. Sur le versant occidental du Cerro-San-Juan étaient campés, dans leur ordre de bataille, le 18e bataillon de chasseurs à pied, le 1er zouaves, les fusiliers marins, le parc d'artillerie, le train, l'administration, les hussards et le génie de la 2e division. Au sommet se trouvait le quartier-général du général Forey, avec le 1er bataillon de chasseurs à pied pour garde d'honneur. La place se trouvait donc entourée par une ligne de troupes peu nombreuses, il est vrai, mais établies de façon à se protéger réciproquement en cas de besoin. Si cependant on avait eu à faire à un ennemi audacieux, on n'aurait pas pu s'étendre autant ; nous occupions un périmètre de dix lieues. Certains points étaient gardés par une compagnie.

Du haut du Cerro, on jouissait du magnifique panorama de Puebla et de la campagne environnante. On distinguait à la lunette les détails des fortifications extérieures, et même plusieurs barricades étaient visibles dans les rues se prolongeant de l'Ouest à l'Est. Puebla n'était plus, comme le dit le général en chef dans son rapport, une ville ouverte comme en 1862, mais bien une place forte défendue par une série de forts détachés, armée d'une puissante artillerie et défendue par plus de vingt mille hommes, sans compter ce système de défense intérieure qui devait nous offrir d'immenses difficultés. Les rues étaient en effet barricadées d'une manière formidable, toutes les maisons crénelées, les couvents et les églises reliés entr'eux par des retranchements qui formaient autant de réduits qu'on devait enlever successivement. On lira plus loin comment on fut malheureusement obligé de s'engager dans cette guerre de rues, où des hommes sans talent, des troupes médiocres tinrent deux mois en échec notre armée, et détruisirent nos plus braves soldats.

Le Cerro-San-Juan est une colline d'environ soixante-dix mètres d'élévation ; un immense couvent qui servit de quartier général français est bâti au sommet. De la terrasse de ce couvent on distingue l'intérieur de Puebla mieux que de tout autre point ; nous voyons de belles rues larges et régulières se coupant à angles droits ; les maisons paraissent n'avoir qu'un seul étage ; elles sont spacieuses et groupées de façon à former des ilots séparés très-favorables pour la défense intérieure. On voit une infinité de

14.

monuments religieux dominés par plus de cent cou poles et clochers. Tous ces monuments sont, dit-on, formidables par les obstacles que l'ennemi y a accumulés. Vingt îlots de maisons, groupés autour de la grande place, sont reliés entr'eux par une enceinte fortifiée. Tous ces renseignements, fournis par les déserteurs, sont en concordance avec ceux que le général connaissait déjà. La cathédrale avec ses deux belles tours paraît un majestueux monument ; elle occupe un des côtés de la place d'armes.

Pendant toute la journée du 19 mars, les voitures d'artillerie, de l'administration des subsistances, les ambulances et le parc du génie se dirigèrent vers le Cerro-San-Juan. Le colonel d'Auvergne, chef d'état-major général, qui, en faisant une chute de cheval au mois de janvier à Orizaba, s'était fracturé une jambe, passa vers midi dans notre camp, porté sur une litière par des indiens qui voyageaient ainsi depuis Orizaba distante de trente-six licues. Dans l'après-midi, le général en chef arriva à son quartier-général du Cerro. Quelques reconnaissances furent dirigées dans la campagne au-delà du Cerro de Uranja, sur la rive droite de l'Atoyac, pour observer les mouvements des avant-postes du corps de Comonfort, établi, à deux lieues de nos lignes, sur les hauteurs dans la direction de San-Martin. Malgré toute la célérité de sa marche, il n'avait pu arriver avant nous devant Puebla où il était attendu avec un convoi d'argent, de vivres et de munitions.

Le 20, on fit deux reconnaissances, une au Nord,

l'autre au Sud de la place pour en étudier les approches ; les forts tirèrent à outrance sur nous ; un sergent du 81ᵉ de ligne fut coupé en deux par un boulet. Un cavalier de la troupe de Marquez fut tué par un éclat de projectile. Ces deux reconnaissances, vigoureusement conduites, donnèrent le change à l'ennemi qui ne put apprécier quelle était celle des deux qui était faite en vue de faire réussir l'autre.

Le 21 mars, le génie et l'artillerie commencèrent leurs travaux préparatoires pour l'ouverture de la tranchée et l'établissement des batteries. On reconnut que les approches par le pied du Cerro-San-Juan et le faubourg de Santiago étaient favorables ; sur certains points le terrain était parfaitement défilé jusqu'à 600 mètres.

L'artillerie ennemie tirait depuis le matin avec une fureur inexplicable dans la direction du Cerro que les projectiles dépassaient de beaucoup.

Le 22, une forte reconnaissance, composée d'un bataillon du 2ᵉ régiment de zouaves, de deux escadrons du 3ᵉ régiment de chasseurs d'Afrique et deux du 12ᵉ chasseurs, fut envoyée à Cholula à douze kilomètres de nos camps. Un corps de cavalerie de l'armée d'observation de Comonfort, d'environ deux mille hommes, sortait de la ville au moment où l'avant-garde française y entrait. Le général de Mirandol, qui commandait la colonne, donna ordre au bataillon de zouaves de s'établir sur la place de Cholula pendant qu'avec sa cavalerie il irait à la poursuite de l'ennemi. Celui-ci n'était qu'à deux

kilomètres lorsque nos braves chasseurs d'A-
frique l'atteignirent. Un combat acharné s'engagea, où nos quatre cents cavaliers culbutèrent
un ennemi six fois plus nombreux. Le général de Mirandol, enlevant nos escadrons avec l'entrain qui
distingue officiers et soldats de notre belle cavalerie d'Afrique, chargea impétueusement l'ennemi,
qu'il accula dans une barranca, et lui tua environ
deux cents hommes. Un des chefs de la colonne
mexicaine fut fait prisonnier avec un bon nombre de
soldats. Nous eûmes, de notre côté, une dizaine de
tués ou blessés: parmi ces derniers se trouva le capitaine Petit qui fut traversé d'un coup de lance. Ce
brave officier mourut quelque temps après des suites
de cette grave blessure. On ramena le soir au camp
un assez bon nombre de prisonniers, une quantité
de fusils, de lances et de chevaux pris sur l'ennemi.

L'ordre du jour suivant fit connaître à l'armée
cette action éclatante :

« Le général de Mirandol, envoyé en reconnais-
« sance du côté de Cholula, à la tête de trois
« escadrons du 2ᵉ régiment de marche commandés
« par le colonel du Barail, a rencontré un fort
« parti de cavalerie ennemie estimé par le général
« à plus de deux mille hommes. Sans hésiter et
« quoiqu'il n'eût sous ses ordres que quatre cents
« chevaux, il aborda l'ennemi qui lui opposa
« d'abord une vive résistance, retranché dans une
« barranca d'un accès difficile et d'où il dirigeait
« sur ces escadrons un feu violent et meurtrier,

« puis, ses pelotons ayant traversé avec peine cette
« barranca, furent chargés à trois reprises différentes par la cavalerie ennemie qui, ne pouvant
« résister à la nôtre, fut mise, après une sanglante
« mêlée, dans une déroute complète, et laissa sur le
« terrain environ deux cents morts, beaucoup de
« blessés, de chevaux, d'armes et de prisonniers.

« Nos pertes ont été de trois tués et dix-neuf
« blessés. — Dans ce brillant combat de cavalerie,
« chacun a fait vaillamment son devoir, et le choix
« des officiers, sous-officiers et soldats à citer comme
« s'étant plus particulièrement fait remarquer est
« difficile. Cependant le général de Mirandol mérite
« une mention toute spéciale pour la vigueur et
« l'intelligence qu'il a déployées dans cette circons-
« tance. Il signale en outre :

« Le capitaine d'état-major Lehalle, son aide de
« camp et le lieutenant Saulnier, officier d'ordon-
« nance ; le colonel du Barail qui a imprimé à ses
« escadrons un élan irrésistible ;

« Les chefs d'escadrons de Tucé et Carrelet, le ca-
« pitaine Petit blessé très-grièvement, le capitaine
« Aubert; les sous-lieutenants.Plessis et Compagny;
« Gerdolle et Castagnier adjudants-sous-officiers; les
« maréchaux des logis Gaillard, mort de ses bles-
« sures. Feuillard blessé très-grièvement, de la
« Salle, Leénhouder ; les brigadiers Rées, Mancini
« et Betoux, les chasseurs Feltz Lallier et Bareyré;

« Dans le 12ᵉ chasseurs, le capitaine Vata, le lieute-
« tenant Noël.

« Le général en chef est heureux d'avoir à signaler
« à l'armée cette nouvelle preuve de l'entrain
« avec lequel la cavalerie aborde l'ennemi, en
« quelque nombre qu'il se présente. »

Cholula est une des villes du Mexique qui offrent le
plus d'intérêt. Elle était autrefois la cité sainte de
l'Anahuac et la capitale d'un état indépendant.
Du temps de Cortez, elle occupait une étendue immense; on y comptait quarante mille maisons et un
temple pour chaque jour de l'année. On voit de
tous côtés, aux environs, les ruines de ces anciens
monuments.

Cholula a perdu son ancienne importance depuis
la fondation de Puebla, commencée en 1530 par les
Espagnols. Aujourd'hui la ville, quoique ayant
encore huit à dix mille habitants, n'offre plus rien
de remarquable que le téocali.

Ce monument extraordinaire se voit depuis nos
camps de Cerro-San-Juan, à plus de trois lieues;
c'est une pyramide en briques cuites, fort ancienne
et dont la plate forme présente une surface de deux
mille mètres carrés.

Cette ville devint la source d'abondantes provisions pour l'armée, pendant le siége. En outre, son
occupation nous permit de surveiller les deux
routes de Mexico, pour empêcher les renforts ou les
approvisionnements d'arriver jusqu'à Puebla. Les
environs sont peuplés de riches haciendas contenant
des quantités considérables de grains.

A l'entrée de la nuit, de fortes colonnes de troupes

furent signalées par les postes avancés ; ces troupes sortaient de la ville par Guadalupe et Loreto ; on supposa que l'ennemi, inquiet par suite des mouvements que nous avions faits au nord de la ligne d'investissement pour la resserrer, prenait des positions pendant la nuit pour éviter une surprise; ou bien peut-être avait-il l'intention de faire une attaque de nuit sur le Cerro Amalucan, sachant que nous n'y avions pas des forces considérables.

Immédiatement on envoya prévenir tous les corps postés dans cette direction de se tenir sur leurs gardes, et le général Neigre prit ses dispositions pour couper la retraite à ces colonnes ennemies si elles s'avançaient dans la plaine. Cette démonstration cachait un autre but. Carvajal qui était entré dans la plaine avec 500 cavaliers, peu de jours avant l'investissement, s'y était laissé renfermer par cette heureuse et rapide opération. Comme il pressentait le sort qui attendait, pour une époque plus ou moins éloignée, l'armée assiégée, il fit entendre adroitement à Ortéga qu'il rendrait les plus grands services en rase campagne, en inquiétant nos petits postes et nos convois.

Les troupes n'étaient malheureusement pas assez nombreuses pour garder tous les points, et, grâce à cette diversion des colonnes mexicaines sur les hauteurs de Guadalupe et Loreto ,ce chef de bande s'échappa de la ville avec sa cavalerie, par une barranca qui passe entre San Aparicio et Resurreccion.

L'artillerie de la place tira une partie de la journée

du lendemain sur le quartier-général ; les boulets et obus allaient tomber au milieu de nos camps établis sur le versant occidental du Cerro ; plusieurs accidents en résultèrent; M. Lenfant, officier d'administration, fut tué dans sa tente ; quelques hommes furent plus ou moins gravement frappés. Un obus bien dirigé vint éclater dans la chapelle du quartier-général, convertie en dortoir pour les officiers d'ordonnance. Pendant plusieurs jours ce tir nourri rendit le séjour de nos camps du Cerro presqu'aussi dangereux que celui des tranchées.

# XI

## Siége de Puebla.

Le 23 mars, une batterie de deux mortiers amenés
de Vera-Cruz et de six obusiers de montagne, disposés
pour tirer en bombe, ouvrit son feu afin de protéger
l'ouverture de la tranchée qui devait avoir lieu dans
la nuit.

La première grosse bombe tomba dans l'angle
gauche du couvent San-Xavier qui était notre objectif, la seconde tomba sur le couvent même Le
général mexicain Negrete qui commandait sur ce
point manqua d'être tué. Le tir des petits obusiers
fut aussi très-bon et rendit d'utiles services aux travailleurs en attirant sur leur batterie, pendant toute
la soirée et une partie de la nuit, le feu de l'artillerie de San-Xavier qui ne nous fit aucun mal. On
ouvrit la tranchée à sept heures du soir ; seize cents
travailleurs des divers corps d'infanterie y furent
employés. On traça la première parallèle entre les

15

deux faubourgs de Santiago et de San Mathias, sur un développement d'environ mille mètres.

Les travailleurs se firent remarquer par une ardeur extrême. Bien que cette première parallèle ne fut qu'à 600 mètres du Fort de San-Xavier, l'ennemi ne se douta pas de nos travaux. On fut informé dans la nuit que l'église de Santiago était minée; on fit immédiatement rechercher le fil électrique et le sacristain aida à le trouver.

Tout le feu de San-Xavier s'étant concentré sur la batterie des mortiers, sans le moindre succès du reste, le travail de tranchée s'opéra dans la plus grande sécurité; pas un homme ne fut touché. — Le 24, on entreprit de nouveaux travaux dans les tranchées déjà percées; on releva certains parapets, on creusa davantage certaines parties des fossés. Le feu de la place fut très vif. Nous embusquâmes quelques-uns de nos bons tireurs dans un terrain favorable au faubourg San-Mathias. Les canonniers ennemis furent fort inquiétés par ce tir précis de nos carabines. Nos bombes continuèrent à tomber sur San-Xavier où elles devaient faire de grands ravages. Les petits obusiers tirèrent sans interruption avec de bons résultats.

Dans la soirée, l'artillerie établit plusieurs pièces destinées à éteindre le feu de San-Xavier et à ricocher l'ouvrage à redans de Morelos qui flanquait Carmen. A cinq heures du matin, ces pièces ouvrirent leur feu avec une précision remarquable sur San-Xavier qui riposta aussitôt avec vivacité. Son feu ne nous fit pas de mal, le nôtre éteignit celui du bastion de gauche du fort, et mit le parapet en fort mauvais état. L'explosion d'un magasin à poudre acheva de ruiner cet ouvrage.

Le 26 mars, à sept heures du soir, on ouvrit la troisième parallèle. Au moment où les travailleurs, munis de pelles, de pioches et de gabions, sortirent de la quatrième parallèle, l'ennemi, les prenant pour des troupes assaillantes, ouvrit un feu violent de mousqueterie et d'artillerie de tout son front menacé ; nous ne répondîmes pas ; peu à peu rassuré, il ralentit son feu qui ne tarda pas à cesser complètement. Tout rentra, pendant le reste de la nuit, dans le plus profond silence qu'interrompaient seulement de quart-d'heure en quart-d'heure les cris de : Alerta ! sentinela ! poussés avec force par les postes avancés et répétés de toutes parts par les troupes de garde dans les divers forts autour de la place. Pendant toute la nuit l'ennemi envoyait des fusées lumineuses et des pots à feu dans la direction de nos tranchées pour distinguer ce qui se passait en avant de leurs lignes. Le 27, la canonnade fut plus lente que celle de la veille. On décida de faire une quatrième parallèle, la troisième ayant été tracée à quatre-vingts mètres de San-Xavier, distance jugée trop grande pour lancer une colonne d'attaque sur cet ouvrage dont le feu d'artillerie était déjà à peu près éteint, mais qui se trouvait flanqué par plusieurs pièces ennemies et dont le Pénitencier, qui en était le réduit, présentait un énorme bâtiment à plusieurs étages percés de nombreuses fenêtres d'où une garnison nombreuse pouvait diriger sur nous une fusillade meurtrière. — On envoya pendant l'ouverture de cette parallèle, un sous-officier du génie pour reconnaître les dimensions du fossé de San-Xavier. Il fut aperçu, car il faisait un clair de lune brillant; quelques coups de fusil furent tirés sur lui, au bord du fossé où il était parvenu; cela donna immédiatement l'éveil à l'ennemi qui craignait une attaque de vive force pendant la nuit. Comme la veille, un feu violent éclata sur tout le front d'attaque; pendant longtemps le nôtre n'y répondit pas, mais notre batterie de la garita de Mexico, se mit bientôt à tirer sur le Pénitencier, à hauteur des fenêtres du deuxième étage, sur lesquelles on avait donné l'ordre dans la journée de pointer les pièces. Elles firent beaucoup de mal à l'ennemi.

Le 28 mars, le feu de notre artillerie concentré sur le Pénitencier, dura toute la journée. Un assaut fut préparé pour le lendemain contre cette formidable défense. Le lieutenant de Sparre, du 1er zouaves, fut coupé en deux par un boulet au dépôt de tranchée; ce jeune et brillant officier fut l'objet de regrets unanimes dans son régiment.

Notre tir causa de grands ravages aux constructions du Pénitencier; son feu semblait entièrement éteint, mais les pièces de Santa-Anita qui faisaient face de ce côté tirèrent à outrance sur nos tranchées.

Le 29 mars. — Le fort de San-Xavier offrait à l'Ouest un front bastionné; au Nord, une grande cour-

tine ; à l'Est, une lunette couvrant l'entrée du côté de
la ville, et au sud un front bastionné irrégulier. Ces
ouvrages, formant une enceinte continue entouraient
une vaste construction qui comprenait un grand
édifice relié au couvent de San-Xavier. L'ensemble
de cette solide construction avait cent quatre-vingts
mètres de long sur quatre-vingts de large. Il renfermait trois cours intérieures et plusieurs corps de
bâtiments.

Les abords étaient couverts de défenses accessoi-
res et flanqués par de nombreuses pièces d'artillerie.
La défense était facile, et la disposition intérieure
des bâtiments permettait de la pousser jusqu'aux
dernières limites.

Il était indispensable de s'emparer de ce grand
obstacle. Les travaux du génie nous en avaient assez
rapprochés ; le feu de l'artillerie en avait ruiné les
batteries, l'infanterie allait achever. L'assaut fut
résolu. Le 1er bataillon de chasseurs à pied et le
2e bataillon du 2e régiment de zouaves composèrent
la réserve, indépendamment des deux bataillons de
garde de tranchée. Le général Bazaine eut le commandement de ces troupes et la direction de cette
importante opération.

A quatre heures, toutes nos batteries dirigèrent
le feu le plus meurtrier sur le Pénitencier, de manière
à compléter la ruine des défenses extérieures. A
cinq heures, on fit cesser le feu. Le général Bazaine
placé dans la quatrième parallèle, donna le signal.
Aussitôt aux cris de vive l'Empereur ! le 1er bataillon

de chasseurs à pied, formant la première colonne, s'é-
lançant hors des tranchées, se porta au pas de course
sur le saillant de San-Xavier, le couronna rapidement et pénétra dans l'ouvrage avec un élan irrésistible.

L'ennemi fut un instant surpris, mais, au bout de
quelques minutes, une grêle de balles, partant des
murs crénelés, des terrasses, des portes, des fenêtres, des clochers, couvrit nos attaques. Les Mexicains démasquèrent en même temps des pièces
cachées derrière des barricades ; ils y joignirent le
feu d'une batterie de campagne, placée en avant du
fort de Carmen et celui de tous les forts voisins du
point d'attaque, mais ce déluge de mitraille n'arrêta
point l'élan de nos soldats.

Le 2e zouaves suivit de près cette première colonne, et bientôt ils pénétrèrent ensemble dans l'intérieur du Pénitencier. La garnison, composée de
sept cents hommes des bataillons de Zacatécas, avec
plusieurs pièces de campagnes, essaya de résister ;
pour la première fois les Mexicains sentaient la
pointe de nos baïonnettes ; ils cédèrent à l'impétuosité de cette attaque. Pourchassés sans relâche d'étage
en étage, de chambre en chambre, quelques-uns
parvinrent à s'échapper, beaucoup succombèrent, le
reste fut pris.

Dans les différentes parties des bâtiments, il y avait
de la poudre, des caisses de cartouches et des
chaînes de bombes enterrées qui devaient éclater au
moyen de ficelles dissimulées par de la paille.

L'ennemi, voyant le Pénitencier en notre pouvoir, fit un retour offensif pour tacher de le reprendre. Cette charge, commandée par le général ennemi Négrete, dénotait une certaine audace de la part de ce chef qui a dans son armée une grande réputation de bravoure et d'énergie. Une réserve de deux mille Zacatécas et Guerreros s'avança sur la face orientale; les chasseurs et les zouaves, installés au premier étage du bâtiment, accueillirent cette colonne par un feu plongeant si nourri qu'elle rétrograda promptement dans le plus grand désordre derrière les barricades de la ville. Au même instant, Santa-Anita, Morélos et le fort de Carmen firent feu de toutes leurs batteries sur le Pénitencier, pendant que l'infanterie faisait pleuvoir sur cet édifice une grêle intense de balles. Ce feu infernal dura une partie de la nuit.

Les pertes des Mexicains dans cet assaut furent très-graves, l'intérieur du fort était rempli de cadavres. On prit dans l'ouvrage trois obusiers, une pièce de campagne, des charriots chargés de projectiles et les deux fanions du 20e régiment Mexicain. On ramena au camp deux cents prisonniers, dont dix officiers, parmi lesquels un colonel du génie et un lieutenant-colonel d'infanterie.

Parmi les nombreuses citations faites dans ce brillant engagement, le général mentionne le capitaine de Galliffet, officier d'ordonnance de l'Empereur, qui s'élança sur le saillant de l'ouvrage, un fanion à la main. Ce n'est pas la seule fois que ce valeureux officier a trouvé l'occasion, dans ce siége, de se faire remarquer, et il n'est qu'une voix parmi les troupes qui ont pris part aux travaux du siége pour reconnaître à M. de Galliffet, qui était aide-major de tranchée, toutes les qualités qui font l'officier accompli en campagne, et ces qualités sont jointes à une simplicité, une modestie qui lui ont attiré les sympathies de tous, officiers et soldats. Celui qui a écrit ces lignes est totalement inconnu de M. de Galliffet, mais il est en ceci l'interprète des sentiments de ceux qui l'ont vu à l'œuvre, au milieu des balles et de la mitraille. Puissent les augustes personnes, auprès desquelles cet officier est appelé par son service, reconnaître dans ces paroles l'expression de l'opinion des zouaves qui ont pu apprécier M. de Galliffet, en présence de l'ennemi, comme un des plus chevaleresques qu'ils aient connus.

Le général en chef cita encore dans le premier bataillon de chasseurs à pied, le sergent Florentin qui planta le fanion de son bataillon en haut du Pénitencier, sous un feu meurtrier;

Le capitaine Escourron, du 2e zouaves qui, blessé au bras, continua de marcher à la tête de sa compagnie, qu'il entraîna vaillamment, et fût tué au milieu d'un groupe d'ennemis.

Durand, caporal au 2e zouaves, arrivé un des premiers dans le redan, plaça et pointa une pièce d'artillerie ennemie sur laquelle il fut grièvement blessé.

Dès que la nuit fut venue, le génie rallia la gauche de la quatrième parallèle qui n'était qu'à cinquante mètres de l'ouvrage conquis, de manière à établir avec cet ouvrage une communication sûre. Au jour, nos batteries furent en mesure de battre le corps de la place, et toute la partie située en arrière de l'ouvrage fut promptement balayée.

Dans cette affaire, le général de Laumière, commandant de l'artillerie, reçut une balle au front ; on espéra d'abord que cette blessure n'aurait pas de gravité, mais ce brave général, très-populaire dans l'armée du Mexique, mourut quelques jours après, à l'ambulance du quartier général.

Il arriva plusieurs accidents sérieux, dans le Pénitencier par l'explosion des projectiles creux enterrés à dessein par l'ennemi. Un adjudant du 51e de ligne fut lancé dans l'espace et pulvérisé par les éclats d'une bombe qui prit feu sous ses pieds ; onze zouaves furent tués ou blessés du même coup. — Nos pertes s'élevèrent, en tout, à deux cent trente un blessés ou disparus, dont trois officiers tués et treize blessés parmi lesquels le colonel Garnier du 51e de ligne, ce brave officier supérieur qui, le 18 Juillet 1855, pénétra dans Malakoff, avec le beau 5e chasseurs à pied dont il était le commandant.

A partir de ce jour, nous avions un pied dans la ville ; si l'ennemi avait eu le moindre sentiment d'humanité envers les malheureux habitants, il aurait compris que la chute du fort du Pénitencier le plaçait en présence de ces trois alternatives :

1° Tenter de reprendre cette formidable forteresse.

2° Essayer de rompre la ligne d'investissement.

3° Enfin, en cas d'insuccès dans ces deux premières tentatives, il ne lui restait qu'à demander une capitulation honorable.

Malgré la destruction et les ravages qui allaient en résulter pour la ville, il continua la lutte.

Le général Forey pouvait dès lors les considérer comme des insurgés, des émeutiers qui faisaient mépris de toutes les lois, de tous les usages de la guerre, et leur infliger un terrible bombardement, mais il aurait fallu sacrifier cette malheureuse population qui n'avait déjà que trop souffert des violences de ce parti dont la fin approchait. Il fut décidé que l'on cheminerait dans la ville, en faisant l'attaque de chaque quàdre successivement. On fournit, par ce système d'attaques, aux Mexicains, les seuls moyens de nous résister longtemps dont ils sussent faire usage : les barricades, les murs crénelés et les terrasses ; les églises, les couvents, les clochers.

Le 30 mars, vers midi, on aperçut plusieurs colonnes rangées en bataille dans un bon ordre, sur les hauteurs situées à droite de Cholula, dans la direction de San Martin et Huexocingo. C'était le général Comonfort qui se présentait de nouveau, mais en beaucoup plus grand nombre que la première fois. En même temps, on remarquait des signaux sur les tours de la cathédrale de Puebla ; il n'y avait pas à en douter, l'ennemi cherchait à faire entrer dans la place le convoi d'argent dont manquait la garnison, mais tous les postes étaient en éveil, les issues bien gardées ; cette opération était sinon impossible, du moins bien difficile à exécuter.

On prit des dispositions pour marcher sur Comonfort, tout en veillant du côté de la place d'où une sortie était à craindre. Elle eut lieu en effet, mais intempestivement, car Comonfort, après être resté en vue de nos camps pendant plusieurs heures, rangé sur deux lignes, s'était retiré sans avoir osé rien tenter et ce n'est qu'à cinq heures et demie que plusieurs colonnes d'infanterie et de cavalerie, appuyées par plusieurs canons de campagne, sortirent de la ville par la route de Tlaxcala entre Loreto et Santa-Anita, et se portèrent dans la direction des postes de San-José, occupés par une compagnie du 81e de ligne, et vers la calera (four à chaux) del Lore, gardée par une compagnie du 1er de zouaves.

Quelques instants avant l'apparition de ces troupes ennemies au nombre d'environ trois mille fantassins, mille cavaliers et quatre obusiers de campagne, deux parlementaires, sortant de la ville, s'étaient présentés au poste du Locre, demandant à être conduits au général Forey. C'étaient les consuls de Prusse et des Etats-Unis ; on leur donna une escorte de plusieurs hommes. Au même instant on envoya, comme c'était l'usage, les hommes à la corvée de l'eau à San-Géronimo, distant de deux mille mètres. Le poste del Locre ne comptait que quarante-huit zouaves au moment de cette sortie considérable. Au premier signal, un sergent major du 99e de ligne qui occupait un petit poste avec une demi-section derrière nous, accourut sans hésiter nous renforcer de ses vingt hommes.

Il était évident que les deux parlementaires avaient dû traverser ces nombreuses troupes pour arriver jusqu'à nous. Etaient-ils de connivence avec l'ennemi ? Nous fûmes en droit de nous le demander ; pourquoi se présentèrent-ils en un moment si mal choisi ? Le poste se trouva bien dégarni en un moment où toute notre troupe n'eût pas été de trop.

L'ennemi se massa lentement, mais en bon ordre, en avant de l'ancienne garita de Tlaxcala sur la route qui conduit à cette ville, et à environ 600 mètres du four à chaux del Locre. Les bataillons d'infanterie se déployèrent à gauche, et les escadrons de lanciers rouges dans la plaine à droite. Une ligne de deux cents cavaliers, en tirailleurs, s'avança suivie d'une autre de fantassins également déployés en tirailleurs à quelques mètres derrière.

Les cavaliers marchèrent hardiment sur le poste, s'étendant par leurs ailes pour l'envelopper. On crut en ce moment à une attaque générale, l'ennemi cherchant à tout prix à rompre la ligne d'investissement. Le poste ne broncha pas ; chacun prit son rang de bataille au fond de la tranchée ; on ne tira pas un coup de carabine. Le 81e de ligne à San-Jose commençait à tirailler, inquiété qu'il était par des troupes nombreuses de cavalerie qui se portaient en masse sur ce petit poste ; l'infanterie mexicaine, devant nous, restait immobile. Le calme avec lequel on attendit l'ennemi déconcerta-t-il celui-ci ? Toujours est-il qu'à une distance de 150 mètres environ, les cavaliers firent halte, proférant, selon leur usage, des vociférations contre nous. De notre côté, même calme ; on ne voyait, sur la crête du parapet de la tranchée, que le bout des canons de carabines braquées sur l'ennemi et les sabres-baïonnettes menaçants. Notre résolution était fermement arrêtée : nous faire tuer sur place plutôt que d'abandonner ce poste. D'ailleurs, les instructions étaient formelles. Le poste du four à chaux devait se maintenir à tout prix, en attendant des renforts. A la nuit, les colonnes ennemies rentrèrent silencieusement dans la place, sans avoir fait la moindre attaque sur nos lignes. Les pièces de campagne, placées devant nous, ouvrirent leur feu sur la redoute que nous occupions, et, pendant plus d'une heure, nous inondèrent d'un déluge de boulets, d'obus et de mitraille. Le fort de Santa-Anita se mit de la partie ; ses énormes projectiles, qui passaient par-dessus nos têtes, portaient jusqu'à Santa-Maria, à près de deux mille mètres plus loin derrière nous. Un angle de mur de cette hacienda fut même démoli par le tir d'une pièce à barbette de la batterie de Santa-Anita.

Le soir, vers neuf heures, on devait s'emparer du couvent de Guadalupite, à l'Est de San-Xavier. Ce édifice nous défilerait des feux de Santa-Anita et de San-Pablo, lorsqu'on envahirait la partie Ouest de la ville, mais c'était une opération délicate, attendu qu'outre un nombre considérable de Mexicains que ce couvent contenait, il était distant de quarante-cinq à cinquante mètres de la gorge de San-Xaxier, et que cette distance était battue partout par l'artillerie ennemie ; en outre, tous les clochers des environs, garnis de tireurs, rendaient l'approche du couvent très-meurtrière.

Le génie devait établir une gabionnade, pour assurer la communication, et, au cas où le feu de l'ennemi s'opposerait à l'exécution de ce projet, on devait attacher un pétard à la porte du couvent que l'on envahirait ensuite de vive force.

La gabionnade ne put être établie, et deux pétards ne produisirent aucun effet, la porte ayant été murée en dedans. Cette attaque, dans laquelle plusieurs soldats braves et dévoués perdirent la vie, dut être abandonnée et on décida que, dans la journée du 31, on transporterait une pièce de douze dans l'intérieur du couvent de San-Xavier, et que l'on ouvrirait une brèche, pour servir d'embrasure, dans la muraille qui faisait face au couvent de Guadalupite, dont on percerait les murailles à coups de canon. Lorsque, dans la soirée, cette pièce était établie et prête à faire feu, on remarqua qu'elle ne voyait pas le mur du couvent. On éleva la plate-forme de quarante-cinq centimètres ; cette opération, entreprise sous un feu meurtrier, réussit entièrement. Pendant la nuit, la brèche était pratiquée dans la muraille de la façade principale. La canonnade et la fusillade de la place redoublèrent d'intensité, mais elles nous causèrent peu de mal.

Le général Neigre était de tranchée ce soir-là ; il

avait pour mission d'enlever l'église de Guadalupite,
dès que le moment lui semblerait opportun

A cet effet, le 18e bataillon de chasseurs à pied
avait été réuni dans le Pénitencier, ayant sa tête de
colonne dans la tranchée, prête à s'élancer sur le
point à enlever. On donna le signal convenu ; aussitôt les chasseurs s'élancent intrépidement hors du
fossé, pénètrent par la brèche, ouverte dans l'église,
et, sans tirer un coup de carabine, culbutent tout ce
qui tente d'opposer la moindre résistance. Un affreux
carnage eut lieu dans le couvent et dans l'intérieur
de l'église, dont les défenseurs, au nombre de quatre
cents furent tous tués à la baïonnette. D'autres, abandonnés par leurs officiers, se rendirent prisonniers.
Les chasseurs, poursuivant résolument leur marche,
s'emparèrent, dans ce combat, de l'église, du couvent de Guadalupite et du quâdre qui suit vers
l'Est.

On sait que, dans les villes du Mexique, on nomme
quâdres ces rectangles uniformes de maisons dont se
composent les divers quartiers. Ce brillant combat
de nuit, qui fit le plus grand honneur au 18e bataillon
de chasseurs par l'audace et l'entrain avec lesquels
il tomba sur les retranchements ennemis, nous
avait conduits dans les rues de la ville, que notre artillerie allait pouvoir enfiler aisément. Ce même jour,
on se mit à cheminer vers le Sud, en s'emparant de
tous les quâdres bordant le Paseo Nuevo et on tourna
l'ouvrage à redans de Morelos. Les Mexicains, voyant
nos progrès rapides de ce côté, craignirent d'être

attaqués brusquement et enlevés; une panique subite s'empara des défenseurs de l'ouvrage qui l'évacuèrent en toute hâte, laissant entre nos mains cinq canons dont ils brûlèrent les affuts; ils avaient également incendié les parapets dont on voyait encore les flammes lorsque ce fort tomba en notre pouvoir.

Le 2 avril, dans la nuit, on étendit l'occupation dans la ville par l'église de San-Marco et plusieurs quâdres contigus. Cette église était une véritable forteresse garnie de défenseurs. Une lutte terrible, corps à corps, s'engagea dans les cours et corridors; un feu intense de mousqueterie commença de toutes les terrasses, de tous les clochers; les passages étaient barricadés, des milliers de créneaux crachaient une vive fusillade; on n'apercevait que le bout des fusils, sortant des innombrables meurtrières qui garnissaient toutes les murailles; les planchers étaient sapés et menaçaient à chaque instant de s'écrouler sur la tête des assaillants; l'obscurité de la nuit ajoutait à l'horreur du combat ses ombres sinistres, qui rendaient la marche incertaine et fort dangereuse; à chaque pas on pouvait rencontrer un piége. On se perdait dans ces dédales de maisons, de corridors, de cours, de vastes galeries et de jardins. Quelques officiers, pour guider leurs troupes avec plus d'assurance, allumèrent des torches, et servirent ainsi, pendant tout le combat, de point de mire à l'ennemi. Nos soldats étaient admirables d'intrépidité et d'audace; loin de les exciter à marcher en avant, on était obligé de calmer leur ardeur qui eût pu les entraîner au delà des points indiqués. Dans une maison, qu'on n'enleva qu'après une lutte acharnée, tout ce qui s'y trouvait de Mexicains fut tué à la baïonnette, ou précipité du haut des terrasses dans la rue. Nous eûmes sept hommes tués et seize blessés. Les pertes de l'ennemi durent être fort considérables.

C'est ici que commencent, à proprement parler, nos pénibles gardes de tranchée et le non moins dangereux service dans les quâdres. Les bataillons, les compagnies étaient disposés, par fractions, dans ces quartiers de la ville, dont les maisons étaient mises en communication pour permettre la circulation à couvert du feu de l'ennemi. Chaque maison donnait ainsi accès à la maison contiguë, au moyen de brèches établies par nous lorsque l'ennemi ne les avait pas déjà faites lui-même. Pour passer d'un quâdre à un autre, il fallait nécessairement franchir la rue ; on établissait des tranchées profondes, avec une forte gabionnade dont la crête était garnie de sacs à terre formant créneaux ; on plaçait à ces créneaux les meilleurs tireurs qui gênaient énormément la circulation et les travaux de l'ennemi. Malheureusement, malgré l'élévation des parapets, les balles des tireurs ennemis, perchés dans les clochers, venaient souvent nous atteindre au fond de la tranchée. Les troupes, qui occupaient les quâdres les plus rapprochés de ceux de l'ennemi, étaient constamment sur le qui vive, de crainte de surprise, car on était séparé seulement par la largeur de la rue. Il suffisait qu'un

16.

homme montât sur une terrasse, essayât de regarder
par un trou, par une fenêtre, pour qu'à l'instant
même le point sur lequel il avait été aperçu fût criblé de balles. L'ennemi avait établi des pièces de
montagne sur certaines terrasses dominant les quâdres que nous gardions ; pendant toute la journée,
toute la nuit, des projectiles creux venaient éclater
sur les planchers, dans les cours des maisons qui
nous abritaient. Les nuits surtout étaient atroces ;
les Mexicains nous envoyaient des grenades, des
balles explosibles, car ils craignaient constamment
une attaque nocturne. Les maisons dans lesquelles
avait lieu cette résistance étaient démantelées. Au
bout de vingt-quatre heures, elles n'offraient plus
que des monceaux de ruines. On aura de la peine à
croire que la plupart étaient habitées, malgré les
projectiles qui pleuvaient sur elles. Quels tristes
spectacles nous avons été appelés à voir dans cette
partie de la ville, pendant toute la durée du siége !
Ces malheureuses gens nous racontaient les atrocités
qu'ils avaient eu à endurer de l'armée assiégée
qui, non contente de les avoir réduits à la famine,
les voulait encore chasser de leurs habitations. Ils
préféraient courir le risque de se faire ensevelir sous
les décombres de leurs maisons, plutôt que d'aller
traîner leur misère dans les rues de cette ville désolée. Et puis elles nous avouaient qu'ils avaient
confiance en nous ; jamais, disaient ces infortunés,
les Français ne nous laisseront mourir d'inanition.
Combien ne moururent pas de faim, mais furent

écrasés par les projectiles que l'ennemi nous envoyait avec une fureur inexplicable ! Un jour, un obus éclata dans une pièce où se trouvait réunie une famille qui, n'ayant où aller se réfugier, n'avait pu fuir ; un homme était mis en lambeaux, une dame avait une cuisse emportée.

Mais un malheur qui, en raison des circonstances dans lesquelles il arriva, nous plongea tous dans la consternation, eut lieu dans un des quâdres que nous occupions tout près de l'ennemi. La nuit, par extraordinaire, avait été assez calme sur ce point, mais le matin une explosion formidable, qu'on ne put expliquer, jeta la terreur chez les assiégés établis dans les maisons qui nous faisaient face. Aussitôt une fusillade intense et une vive canonnade furent dirigées sur nous, les assiégés s'attendant à nous voir, à chaque instant, faire irruption dans les maisons qu'ils occupaient. Leurs boulets étaient dirigés avec acharnement sur le groupe de bâtiments au milieu desquels se trouvaient nos compagnies. L'une d'elles était logée dans une habitation vaste, au centre de laquelle se trouvait un jardin entouré de galeries sous lesquelles les hommes attendaient l'arme au pied. Une des pièces basses était habitée par une famille d'artisans qui paraissaient jouir d'une petite aisance. Ils avaient fait une certaine provision de denrées, en vue de la durée des opérations du siége, et ces denrées avaient été placées dans des cachettes. Deux hommes, deux femmes, dont une, fort jeune, était mère d'un tout petit enfant qui dormait dans un berceau, composaient cette famille dont l'apparente tristesse avait ému le cœur le moins sensible. A ce fracas d'artillerie extraordinaire, on donna ordre de prendre les armes et de se tenir prêts à tout évènement ; une grêle de boulets s'abattit en même temps sur la terrasse de la maison, menaçant de tout écraser ; des centaines de grenades, jetées des maisons situées de l'autre côté de la rue, vinrent tomber en éclatant dans le jardin ; plusieurs d'entre nous furent atteints, un de nos camarades fut tué raide par un éclat d'obus ; c'était à ne plus savoir où se réfugier. Tout à coup, un cri déchirant, lamentable se fait entendre dans la chambre occupée par la famille don je viens de parler ; la jeune femme tombe évanouie au pied du berceau de son pauvre enfant qu'une grenade venait de mettre en lambeaux. Cette malheureuse mère éperdue, délirante, faisait pitié à voir. Cette scène horrible me fait encore frissonner chaque fois qu'elle se représente à ma mémoire. Et combien malheureusement de cas semblables ne se sont-ils pas produits pendant cette guerre de quâdres où des familles entières avaient eu le courage inouï de se maintenir !

Je fis un soir, au quâdre 29, une rencontre qui me procura l'agrément de passer une garde moins triste que les précédentes. Un Mexicain bien élevé, fort engageant, mais d'une physionomie attristée, maladive, vint à moi ; il insista pour m'offrir l'hospitalité dans son salon. L'ameublement était de fort bon goût, sans luxe, mais convenable. Cette maison n'avait pas encore souffert, comme les voisines, de la destruction des projectiles, parce qu'elle était adossée contre un vaste édifice ; elle était abritée presque de tous côtés, principalement face à l'ennemi. Toutefois il était bon de prendre des précautions, car, de temps à autre, des éclats venaient tomber dans une petite cour intérieure. Je remarquai, suspendu au mur, au dessus d'une console en acajou, un portrait finement exécuté par un artiste mexicain ; c'était le célèbre Hidalgo, ce curé du village de Dolores dans le Guanaxuato qui, le premier, osa pousser le cri de liberté! et arbora, au nom de l'indépendance du Mexique, l'antique étendard de Montezuma, sur lequel il fit broder l'image de la vierge de Guadalupe, objet de la plus grande vénération dans le pays.

« — Vous avez devant vous, me dit le mexicain, le portrait d'un homme pour lequel mon père avait un culte tout particulier, qu'il m'a transmis en héritage. Ils étaient d'ailleurs liés par une vive amitié depuis leur bas âge, et ils ont sans cesse combattu l'un à côté de l'autre, pendant dix mois qu'a duré la lutte d'Hidalgo contre l'armée royale. »

Mon hôte avait envie de causer ; mon peu d'entrain l'avait gêné dès le début, mais il saisit cette occasion pour entrer en matière, d'autant plus que le sujet était cher à son cœur ; il reprit :

« Ce fut le 10 septembre 1810 que commença cette belle et glorieuse campagne, entreprise par un prêtre de village sans ressources contre une armée disciplinée et munie d'armes et de tout le matériel nécessaire à la guerre.

« Depuis longtemps le joug espagnol était supporté avec une résignation médiocre ; le peuple mexicain n'attendait qu'un chef pour se soulever et chasser ses dominateurs. Il existait un mécontentement général, à peine contenu, au sujet de l'exclusion des créoles du partage des hauts emplois publics, ca tous étaient dévolus aux Européens. Enfin les esprits étaient fatigués de cette longue servitude qui devait avoir sa fin. Qui eût pensé alors que ce malheureux pays, dégradé par trois siècles d'abaissement, allait faire un si pitoyable usage de sa liberté ?

« Cette belle et noble cause passa par de si ignobles mains, que l'Europe ne nous a jamais crus assez mûrs pour cette transformation elle a pensé que cette révolution fut prématurée, bien qu'on la pressentît pour une époque plus ou moins éloignée.

« Hidalgo et trois capitaines de la milice de la reine allaient être arrêtés comme conspirateurs, lorsque le curé de Dolores, averti du danger, fit sonner le tocsin, appela la population aux armes et promit aux indiens l'abolition du tribut et une liberté complète. En peu de jours, il eut une armée de quarante mille hommes, avec laquelle il marcha sur Guanaxuato, ville considérable, centre des plus riches mines du Mexique. Il s'empara de la ville et marcha sur Valladolid où il entra sans coup-férir. On le proclama généralissime. L'enthousiasme était en ce moment à son comble.

« Hidalgo appartenait à une famille créole très in-
fluente : il était âgé de quarante ans, doué d'une
physionomie remarquable par son caractère d'audace
et de résolution. Il franchit hardiment la distance de
quatre vingts lieues qui sépare Valladolid de Mexico,
et il arriva à Toluca après une marche victorieuse.
Toluca, à douze lieues de la capitale, renfermait de
nombreux et ardents partisans de la cause de l'indépendance, qui se joignirent à lui.

« La situation était critique pour le général espagnol Yénégas qui avait commis l'imprudence de
disséminer toutes ses troupes ; une brigade aux ordres du général Calleja occupait la ville de Quérétaro
dont la nombreuse population avouait ses sympathies
pour la révolution. Trois mille hommes, commandés
par le comte de la Cadena, étaient à Saint-Luis-de-
Potosi, à une centaine de lieues au moins de Mexico
il ne restait que quelques mille hommes aux ordres
du brigadier Torquado-Truxillo, aide de camp du
vice-roi, qui alla en toute hâte prendre position à
Ixtalahuaca. Mais, surpris dans un défilé par les insurgés, il fut battu et obligé de s'enfuir à Mexico.
Le général Yénégas sortit aussitôt et vint prendre
position sur les hauteurs d'Aculco. Hidalgo s'avança
ainsi jusqu'à Quaximalpa, à cinq lieues de Mexico qu'il
fit sommer le même jour, 10 octobre 1810, de se rendre. Malheureusement, il ne sut pas profiter de ses
merveilleux succès, et il resta un mois dans l'inaction;
les royalistes eurent le temps de se reconnaître et
parvinrent à se rallier. Les indépendants, vivement

attaqués par Callega, perdirent, en une seule bataille, plus de douze mille hommes et durent prendre la fuite. C'est à Aculco qu'eut lieu, le 7 novembre 1810, cette désastreuse déroute si fatale à la cause de l'indépendance. L'étoile de l'insurrection commença à pâlir. Hidalgo opérait son mouvement de retraite sur Guanaxuato, lorsque Callega tomba sur son arrière-garde à Cruces, près de Quérétaro. Toute son armée fut écrasée, il dut se réfugier en toute hâte à Guadalaxara où il comptait encore quelques troupes en bon état; on lui envoya de l'artillerie du port de San-Blas et il fit construire des batteries. L'armée royale arrivait à marches forcées pour enlever cette dernière place, unique ressource de l'indépendance. Hidalgo chargea Allende, un de ses premiers lieutenants, de barrer le passage aux espagnols, à Calderon, point situé à cinq lieues en avant de la ville de Guadalaxara ; on se battit avec acharnement de part et d'autre; la résistance du chef Allende fut héroïque, mais c'en était fait de la cause de l'indépendance : les indiens furent culbutés, et le malheureux Hidalgo fut obligé de se replier vers le Texas, où il espérait pouvoir réorganiser une armée. Trahi dans sa fuite par Elisondo Bustamente, son lieutenant, qui espérait obtenir ainsi sa grâce, Hidalgo fut arrêté et fusillé le 21 juillet 1811. Il montra devant la mort le courage le plus héroïque, uni aux sentiments les plus religieux.

« Voici, me dit le Mexicain, les traits de cet autre chef célèbre des premières guerres de l'indépendance, encore un prêtre, le curé Morellos dont le portrait que j'examinai très-attentivement me frappa par son expression de fermeté et de remarquable énergie.

« Permettez-moi, continua-t-il, si je ne vous ennuie pas, de vous dire en quelques mots ce qu'a été cet homme vraiment remarquable. »

Je lui donnai au contraire l'assurance que ses récits m'intéressaient au plus haut point, il continua :

« Le curé Morellos se mit à la tête de l'insurrection, après la mort de Hidalgo ; il se fit remarquer par son ardeur, son énergie et son talent militaire. Ce fut un homme à ressources imprévues et dont il eut seul le secret, un véritable chef de parti et un héros sur le champ de bataille. La fortune lui fut souvent contraire ; il éprouva de rudes échecs, mais il sut toujours se relever plus fort et plus entreprenant. C'était un homme de profonde conviction ; il se distingua par son enthousiasme sincère pour la cause qu'il avait embrassée, enthousiasme qu'il sut communiquer à ceux qui l'entouraient. Dans la force de l'âge, sa physionomie décelait la trempe énergique de son caractère ; il était simple dans ses manières, affable, bon pour le soldat et d'un remarquable désintéressement.

« Si cet homme fut venu me trouver, disait le vice-roi, j'en aurais fait un général. Morelos eut la même fin que son prédécesseur Hidalgo ; il fut pris et fusillé par les espagnols. »

Je me trouvais à coup sûr chez un patriote, mais un patriote plein de dignité et remarquable par l'élévation de ses sentiments.

Lorsque la nouvelle garde de tranchée vint nous relever, il me vit partir avec regret, et j'avoue que je commençais à éprouver pour cet homme une grande sympathie. Depuis la prise de Puebla, j'ai eu occasion de le revoir et de l'apprécier; nous sommes devenus de vrais amis. Les dégâts occasionnés par le siége l'avaient à peu près ruiné, jamais je ne l'ai entendu formuler une plainte.

« Pourvu que de ces ruines et de cette désolation naisse le bonheur de ma patrie, disait-il, mon sacrifice n'est rien. » Les caractères de cette nature sont rares au Mexique, me disais-je à moi-même.

Le 3 avril, on continua les travaux de cheminement dans les rues et les quâdres; il n'y eut rien d'important, sinon l'enlèvement d'un nouveau quartier par une compagnie du 1er zouaves qui perdit en cette circonstance un brave officier, le lieutenant Le Carvehec.

De sérieuses difficultés et des dangers immenses se présentaient pour l'enlèvement du quâdre dans lequel se trouvait enfermée l'église de San-Agustin qui servait d'arsenal à l'ennemi. On dut prendre de prudentes précautions pour s'emparer, en le tournant, de ce quâdre considérable. Il fallait éviter, autant que possible, une attaque de vive force d'où pouvait résulter l'explosion des poudres et projectiles que l'ennemi y avait déposés. Pendant toute la journée, la place fit un feu violent sur nous. Les forts de Santa-Anita et de Carmen croisaient leur tir sur nos tranchées et sur les quâdres qui étaient tombés en notre pouvoir.

Du 3 au 6 avril, on prépara l'attaque d'un quâdre important, situé en avant du couvent de San-Marco, par lequel on pouvait tourner, au Sud, la formidable église de San-Agustin. Dans la soirée du 6 avril, une tête de colonne, composée de quelques hommes du 1er régiment de zouaves, fut disposée dans les bâtiments de San-Marco, pour traverser, sous le feu de l'ennemi, une rue qui la séparait d'un groupe de maisons, dans lequel l'artillerie avait fait brèche; au signal donné, le sergent-major Merlier (nommé officier après cette affaire et tué dans un combat, le 8 septembre suivant), et dix-sept hommes s'élancent dans la rue et arrivent à la brèche qu'ils traversent avec la plus remarquable intrépidité. Un détachement de quelques sapeurs du génie les suit, mais, sous une effroyable fusillade, qui les prend de face et de flanc, et une pluie de grenades lancées des terrasses voisines; les sapeurs hésitent; le lieutenant Galland se précipite, en cherchant à entraîner le reste de sa compagnie; il franchit la brèche avec la plupart de ses hommes. L'ennemi, qui s'était laissé surprendre par l'élan de la tête de colonne, n'avait pu diriger assez promptement ses feux d'artillerie sur elle, mais on n'attendit pas longtemps. Une forte barricade, armée de deux pièces chargées à mitraille, balaya la rue; du haut des terrasses un feu des plus nourris plongeait sur nos hommes, sans abri dans la rue, dès qu'ils avaient franchi le passage; d'un autre côté, la brèche était à un mètre au-dessus du sol et ne donnait passage qu'à deux hommes à la fois; il y avait nécessairement un temps d'arrêt, pendant lequel nos zouaves, à découvert, étaient criblés par un ennemi abrité ; la situation était fort critique. Le chef de bataillon Carteret s'élance dans la rue entraînant avec lui ce qui reste d'hommes ; à peine a-t-il fait quelques pas qu'il tombe frappé par une grenade. Une autre compagnie, au signal d'attaque et sans attendre que les ordres lui arrivent, se porte vivement en avant pour soutenir le mouvement commencé. Cette troupe, vigoureusement enlevée par son chef, le jeune et brillant capitaine Michelon, cherche à se frayer un passage pour arriver au plus tôt à la brèche Le capitaine, en tête de ses hommes, avait à peine pénétré dans la rue qu'il tombe blessé mortellement ; le lieutenant reçoit en même temps trois blessures graves, un sous-officier qui les suit est foudroyé par dix-huit coups de feu. Le passage n'était plus praticable ; tout le tir de l'ennemi est dirigé sur ce petit espace par lequel peuvent à peine passer deux ou trois hommes de front. Continuer l'attaque était exposer à une mort presque inévitable tous ceux qui s'aventureraient dans la rue. Cependant la lutte, engagée dans le groupe de maisons envahies par le lieutenant Galland. allait réussir si on parvenait jusqu'à lui. On n'entendait de ce côté que de rares coups de feu, succédant aux hourras de l'ennemi, au son des clairons. La rue était encombrée de cadavres, les blessés eux-mêmes obstruaient le passage. Le général de Berlier, qui était de tranchée, voulant épargner le sang de ses hommes et croyant le lieutenant Galland et sa troupe anéantis, ordonna deboucher l'ouverture qui, de notre quâdre, donnait accès sur la brèche du quâdre ennemi.

Mais cette poignée de braves, qui avaient suivi leur vaillant chef, combattait héroïquement contre un ennemi cent fois supérieur en nombre ; ils avaient pénétré par la brèche dans une petite cour remplie de décombres, et avaient chassé l'ennemi sur deux points, mais, en attaquant un troisième, ils furent reçus par une fusillade tellement vive qu'ils crurent devoir attendre les renforts qu'ils supposaient devoir arriver bientôt ; ils se mirent sur la défensive ; déjà plusieurs hommes étaient tués, d'autres grièvement blessés ; M. Galland organisa la défense de manière à ménager le sang de ses hommes, tout en conservant le terrain qu'il avait conquis.

Vers neuf heures du soir, les Mexicains, largement renforcés, entourèrent les trente zouaves ; la brèche était refermée derrière eux ; toute retraite leur était impossible.

Je ne puis dépeindre les angoisses dans lesquelles nous fûmes tous plongés au moment où nous vîmes refermer le passage de la rue, toute tentative pour le franchir étant devenue impossible ; nos pensées se reportaient douloureusement sur nos pauvres camarades que nous étions ainsi forcés d'abandonner.

Nous suppliâmes qu'on nous laissât aller à leur secours ; notre colonel accourut du camp à la première nouvelle de ce regrettable évènement, et demanda au général à recommencer, à la tête de son

17.

régiment, une autre attaque. Ce n'était réellement plus possible.

Nos courageux soldats continuaient à lutter dans la cour de la maison, dans laquelle ils avaient pénétré; ils faisaient des prodiges de valeur, l'ennemi était intimidé par tant d'audace, il n'osa s'élancer sur ces braves, et, au milieu d'une effroyable fusillade, il les somma de se rendre. On ne lui répondit que par des coups de feu. Les Mexicains perdaient, eux aussi, du monde et commençaient à se fatiguer de cette résistance désespérée; ils firent une seconde sommation que le lieutenant Galland repoussa de toute son énergie. Il tint ferme encore pendant quelques heures, espérant voir arriver à son aide, mais hélas! les heures s'écoulaient, le secours n'arrivait pas! une troisième sommation lui ayant été faite, reçut le même accueil que les précédentes. Mais le commandant de la troupe ennemie lui cria que lui et ses hommes allaient être écrasés par les planchers qui étaient sur le point de s'écrouler sur leurs têtes, et, au même instant, des torches de résine, menaçant de tout brûler, furent lancées sur eux. Cruelle situation pour ces vaillants soldats, qui auraient voulu jouer leur vie dans une lutte contre un ennemi visible, et qui étaient sur le point d'être écrasés sous les décombres des murs et charpentes qu'on sapait sur leurs têtes!

C'eût été folie que de poursuivre une semblable lutte; le lieutenant Galland consentit à entrer en pourparlers avec le colonel mexicain qui commandait ce quâdre. Il lui fut accordé, pour lui et sa troupe, l'honneur de conserver les armes dont ils venaient de faire un si héroïque usage.

Un ordre du général en chef fit connaître à l'armée la vaillante conduite de cette poignée de soldats et la constance héroïque dont elle avait fait preuve.

Le lieutenant Galland, quoique tout jeune officier, fut nommé capitaine quelques jours après, en rentrant de captivité.

L'ennemi s'attendit pendant tout le reste de la nuit à une nouvelle attaque, car jusqu'au matin un feu infernal balaya la rue et les terrasses des maisons occupées par nous. L'angle de la rue était formé par une maison contiguë à celle dans laquelle nous étions postés ; l'ennemi plaça une pièce de campagne disposée pour battre cet angle. Après une vingtaine de coups de canon, la maison s'écroula entraînant une partie de celle où nous étions. Il faisait une nuit atroce ; l'obscurité dans laquelle nous étions obligés de nous tenir rendait bien pénibles ces nuits de garde dans les quâdres. L'ennemi tirait à outrance sur les murs, sur les postes, sur les terrasses. Toutes ces détonations qui ne cessaient pas un seul instant, nous exaspéraient ; notre système nerveux était dans un état d'irritation impossible à décrire. Il faut avoir passé soi-même une de ces longues nuits dans cette situation pour comprendre ce qu'il a fallu d'énergie morale aux soldats pour ne se laisser jamais aller au découragement. Lorsque l'attaque d'un quâdre avait lieu, veut-on savoir comment nos troupes s'élançaient sur l'ennemi ?

On ouvrait une issue sur la rue que l'on avait à franchir ; l'artillerie faisait une brèche dans le mur du quâdre opposé ; cette brèche étant pratiquée, la compagnie de la tête s'élançait non en masse, non coude à coude, plusieurs hommes de front, ce qui rend le soldat français si solide, mais l'un après l'autre, les officiers les premiers. Les rues étaient barricadées à quelques mètres seulement du point par lequel la colonne défilait ; aussitôt la mitraille pleuvait sur les assaillants pris de flanc par les canons des barricades ; de toutes les terrasses, de tous les clochers tombait une pluie de balles. Naturellement les officiers qui se trouvaient en tête, faciles à reconnaître à leur uniforme, étaient le point de mire de l'ennemi ; ils tombaient des premiers, les soldats continuaient leur marche souvent arrêtée par les cadavres qui obstruaient le passage. Je laisse le lecteur juge d'apprécier si pour des attaques de ce genre il faut avoir des hommes rudement trempés.

Lorsque la tête de colonne avait pénétré dans le quâdre ennemi, personne ne se présentait pour lui barrer le passage : aucun ennemi visible, mais des murailles vomissant la mort de toutes parts. Chaque mur, chaque cloison étaient percés de petits trous laissant à peine passer le bout du fusil ; on était dans l'obligation de chercher un nouveau passage pour parvenir à tourner l'ennemi ; si on n'en trouvait pas, force était de pratiquer à découvert sous un feu écrasant de mousqueterie, une nouvelle brèche. Dès que la brèche était faite, l'ennemi avait disparu derrière un semblable obstacle situé à quelques mètres plus loin. Voilà la lutte que nous soutenions contre un ennemi qui ne s'est jamais, dans aucun de ces combats, senti le courage de se montrer à découvert, mais qui se tenait constamment derrière des murs crénelés, derrière des obstacles accumulés avec autant d'art que d'intelligence.

Un officier d'état-major mexicaine fait prisonnier à la capitulation de la place demandait d'un air assez satisfait à un officier français comment il jugeait cette défense. — « Comme celle d'une mauvaise troupe, répondit l'officier français; il n'y a que les armées sans vigueur qui se cachent derrière des retranchements, sans oser jamais tenter une sortie sur l'assiégeant. Vous auriez eu maintes occasions, si vous aviez eu assez de confiance en vos troupes, de rompre la ligne d'investissement dont certains points étaient gardés par cent hommes seulement. La défense des rues de Puebla a été celle d'une troupe d'insurgés, et non une résistance glorieuse et militairement conduite. Après la prise du fort San-Xavier nous aurions dû vous écraser de projectiles jusqu'à ce que vous eussiez demandé grâce; loin de là, par égard pour cette malheureuse cité déjà si ravagée, nous vous avons donné les seuls moyens dont vos hommes sussent faire usage pour nous résister. »

Cette brusque réponse, provoquée par l'arrogante question d'un officier qui n'avait de militaire que l'uniforme, parut le faire réfléchir. L'aura-t-elle rendu plus circonspect?

Le 7 avril au matin, lendemain de cette attaque, les sentinelles placées aux créneaux aperçurent, sur les maisons du quâdre ennemi où avait eu lieu le combat, de sinistres trophées! les vestes et les culottes ensanglantées des zouaves tués la veille étaient fixées aux murs; des drapeaux blancs sur lesquels on avait cousu des pièces d'étoffe noire représentant des ossements en croix surmontés d'une tête de mort; le fond du drap était tapissé de larmes noires. On lisait au-dessous: *Mort aux zouaves!*

A ces actes on pouvait juger la dignité qui caractérisait nos ennemis que cet insignifiant succès avait ébloui. Ils faisaient en face de nous, dans leurs retranchements, un vacarme indécent, jouant des refrains de la *Marseillaise.*

Malgré tout le mépris que nous inspirait cette conduite d'un ennemi que nous écrasions chaque fois que nous le rencontrions en rase campagne, nous éprouvâmes tous un certain sentiment de dépit. Combien d'occasions nous étaient réservées de prendre de bonnes revanches de ces attaques infructueuses qui, en somme, n'avaient pour l'ennemi qu'une médiocre importance.

Il était facile de prévoir combien seraient grandes nos pertes si on ne modifiait ce système d'attaques, quâdre par quâdre, contre cet ennemi invisible. Le général Douay fut chargé par le général en chef de la direction des attaques de gauche, que l'on continua un peu plus vers le Sud. Le général s'établit avec son état-major au Pénitencier, afin d'être plus à proximité et de pouvoir communiquer plus rapidement. L'artillerie construisit une sorte de blockhaus sur roues, pouvant contenir un obusier de montagne, les servants et cinq ou six tirailleurs. Pendant que le canon battrait les barricades, enfilerait les rues et empêcherait les rassemblements de troupes de s'y former, les colonnes pourraient traverser plus facilement sous la protection de cette masse couvrante que quelques hommes mettraient en mouvement; en avançant ainsi, les soldats seraient à couvert des balles. On projeta également d'exécuter le passage des rues sous la fusillade au moyen de caponnières volantes composées de compartiments mobiles qui devaient se raccorder sur le terrain. Chaque compartiment serait porté par un soldat qui s'en servirait comme d'un large bouclier. Malheureusement ces machines de guerre furent pulvérisées dès les premiers coups de canon tirés sur elles par l'ennemi.

Afin de diviser les forces des assiégés par une double offensive, on se mit en mesure de cheminer en même temps par San-Marco et par Morelos. Le général Bazaine, qui dirigeait les attaques de droite éleva des ouvrages de défense et des batteries au-delà de l'église de San Balthazar, qui lui permirent de prolonger les feux dans toute la longueur des rues.

Jusqu'au 11 avril assiégeants et assiégés continuèrent leurs travaux ; aucun évènement important ne fut signalé au siége. Le 12 avril le général en chef avait envoyé sur Atlixco, à environ douze lieues ouest de Puebla, une forte reconnaissance dirigée par le colonel Brincourt ayant sous ses ordres cinq compagnies du 1er zouaves, cinq cents fantassins de Marquez, trois escadrons français et l'escadron allié du colonel Adam Ortiz de la Pêna, plus deux obusiers de montagne.

Dans la journée du 14, cette colonne rencontra près d'Atlixco, Etchegaray chef d'état-major de Comonfort et Carvajal, avec sa cavalerie qui s'étaient avancés sur cette ville par des routes différentes, cherchant à réunir leurs forces s'élevant à deux mille chevaux, trois mille fantassins et une batterie d'artillerie rayée. Saisissant opportunément l'occasion d'attaquer, l'une après l'autre, les deux colonnes ennemies avant leur jonction, le colonel Brincourt les culbuta dans le plus grand désordre. L'ennemi laissa sur le terrain plusieurs centaines d'hommes et de chevaux, et un nombreux matériel. Suivant le rapport des déserteurs, le nombre des hommes mis hors de combat s'éleva au delà de six cents. Nos pertes étaient de trois chasseurs d'Afrique tués, un officier et sept cavaliers blessés, dix-sept hommes tués et trente-deux blessés dans l'escadron allié. Le colonel mexicain de la Pêna se distingua particulièrement dans ce combat par la vigueur avec laquelle il chargea l'ennemi ; il sauva la vie à quatre chasseurs d'Afrique démontés et déjà entraînés au *lasso* par les

Mexicains, et fut blessé en tuant plusieurs cavaliers ennemis de sa main. La brillante conduite de ce chevaleresque militaire, aussi modeste que brave, fut mise à l'ordre de l'armée, et le général en chef lui remit, sur la grande place de Cholula, en présence de toutes les troupes réunies, la croix de chevalier de la légion d'honneur que ce brave reçut en pleurant d'émotion et de joie. Toute la population de Cholula assistait à cette cérémonie qui produisit un effet considérable. Les sympathies qu'inspirait de la Péna étaient telles que tous, population, armées mexicaine et française, se mirent à applaudir. Les officiers français allèrent l'embrasser.

Pendant que les travaux du siége se poursuivaient activement, un bataillon du 1er de zouaves expéditionnait avec un escadron du 2e chasseurs d'Afrique et l'escadron de la Péna, aux environs de Cholula, explorant les haciendas et en rapportant des quantités considérables de grains pour le service de l'armée. Bien que le corps d'observation de Comonfort se tint par là, jamais aucun engagement n'eut lieu; les troupes mexicaines se retiraient à notre approche.

Le 15 avril, vers cinq heures du soir, l'ennemi tenta une sortie sur nos ouvrages de San-Baltazar. Le 7e bataillon de chasseurs à pied était de garde de tranchée ; il laissa la colonne ennemie s'avancer jusqu'à bonne distance, et l'accueillit à bout portant par un feu des plus nourris qui le força à rentrer dans la place dans le plus grand désordre.

Dans la nuit du 19, le colonel Mangin, commandant du 3ᵉ régiment de zouaves, était de tranchée ; il avait mission de s'emparer des îlots nᵒˢ 29, 38 et 31. Un bataillon du 3ᵉ de zouaves et quelques compagnies du 18ᵉ chasseurs à pied étaient chargés de cette opération. L'ennemi avait organisé dans ces quâdres une résistance telle qu'il fallut l'audace et la bravoure de nos soldats pour surmonter tous les obstacles accumulés devant eux.

Dans le quâdre nᵒ 29 il y avait une usine considérable dans la cour de laquelle les Mexicains avaient fait une espèce de redan dont les deux faces s'appuyaient sur deux côtés de la cour à des maisons crénelées. Ce redan était précédé d'un énorme fossé de quatre à cinq mètres de largeur et d'autant de profondeur ; le parapet avait plus de quatre mètres d'épaisseur et le talus intérieur était formé d'énormes madriers en bois de chêne.

Derrière le redan, toutes les constructions étaient crénelées et les issues préparées et couvertes de tambours. D'un quâdre à l'autre la communication était établie par une galerie souterraine. Nos soldats n'auraient jamais pu enlever cet ouvrage si la brèche pratiquée dans le quâdre, sur l'indication d'un habitant, n'avait donné accès dans les écuries de l'usine, espèces de caves voutées, parallèles à la grande face du redan qui put être tourné par les écuries. Il y eut sur ce point une déroute complète des Mexicains qui, en fuyant par la galerie souterraine, indiquèrent ainsi le chemin du quâdre 31 à nos zouaves ; ceux-ci les poursuivirent la bayonnette dans les reins et en tuèrent un grand nombre. Deux cents furent faits prisonniers.

Dans cette vigoureuse attaque le 3e zouaves et le 18e bataillon de chasseurs à pied rivalisèrent d'intrépidité, et les pertes furent minimes, grâce à l'entrain avec lequel cette attaque fut menée. Pas un officier de ces deux corps ne fut blessé, bien qu'on les remarquât partout au premier rang, donnant l'exemple à leurs soldats. Le capitaine Galliffet, aide-major de tranchée, qui se trouvait toujours partout où il y avait des dangers à courir, était au milieu des zouaves prenant sa part de la lutte lorsqu'il reçut une éclat d'obus au ventre, blessure mortelle que, par un miracle de la science, le docteur Hounau est parvenu à guérir, alors que tout le monde désespérait.

Le lendemain, les marins construisirent une batterie aérienne sur l'église San-Ildefonso qui promettait d'excellents résultats en raison de la situation avantageuse.

Le 21, l'ennemi évacua les quàdres nos 26, 27 et 28 après les avoir incendiés. Cet incendie considérable qui allait consumer l'église de San-Agustin, une des plus riches de Puebla, dura toute la journée et une partie de la nuit, couvrant de fumée le sud de la ville.

La cavalerie des assiégés fit une sortie sous les forts Loreto et Guadalupe, se dirigeant sur deux colonnes vers les positions gardées par le général allié

Taboada et sur les redoutes du four à chaux et de San-Jose. Comme on ignorait l'intention de l'ennemi en faisant ce mouvement, on dirigea rapidement sur le poste de Santa-Maria deux escadrons de chasseurs d'Afrique qui poussèrent une reconnaissance dans la plaire et reconnurent que l'ennemi venait de faire du fourrage.

Dans le but de faire tomber le fort de Carmen en l'isolant du reste de la place, on prépara une attaque considérable contre le couvent et l'église de Santa-Inez. L'artillerie commença une batterie de brèche, et le génie l'ouverture de quatre rameaux de mines. Ces travaux durèrent quatre jours ; l'artillerie amena huit pièces dont le tir devait ruiner les murs du couvent ; les îlots nos 26, 27 et 28 furent occupés et mis en état de défense.

Dans la nuit, les assiégés firent une forte sortie sur la hacienda de san-Francisco ; elle fut promptement refoulée dans la place. Le matin, une autre colonne mexicaine était sortie entre le moulin de Guadalupe et les ouvrages de San-Baltazar où le 62e de ligne avait des compagnies de garde. Le capitaine Audin chargea bravement l'ennemi et se fit tuer raide à la tête de sa compagnie de grenadiers. Les Mexicains culbutés rentrèrent dans leurs retranchements dans le plus grand désarroi.

Pendant la nuit du 23 au 24, on commença aux attaques de droite, près du moulin de Huexotitlan, une batterie qui, bien qu'un peu éloignée, pouvait porter ses projectiles sur les derrières de Santa-

Inez qu'on avait résolu d'attaquer le lendemain.

Le 25 avril, une colonne composée d'un bataillon du 1er zouaves et un du 3e zouaves, quatre escadrons de cavalerie et deux obusiers de montagne, sortit de Cholula pour aller chercher des grains à l'hacienda de Chahuac à environ vingt kilomètres à l'ouest. Ces troupes étaient sous les ordres du colonel du Barail du 3e chasseurs d'Afrique. On arriva à la nuit au lieu indiqué ; il pleuvait à verse. L'ennemi venait de quitter Chahuac au moment où nous y entrâmes. Ses tirailleurs, embusqués dans les bois à droite de la route, signalaient leur présence en faisant feu sur notre immense convoi qui n'en continua pas moins sa marche sans accident. On passa toute la nuit à charger trois cents voitures et quinze cents mulets ; on put emporter des quantités extraordinaires de maïs, et on dut en laisser encore autant dans ces greniers, faute de moyens de transport. Dès l'arrivée, le colonel du Barail, qui avait fait reconnaître les environs, avait fait prendre position à plusieurs compagnies sur les hauteurs à l'ouest ; d'autres détachements étaient embusqués au nord, dans des plis de terrain, pour empêcher toute surprise de nuit de la part des troupes de Comonfort qui avait le gros de son armée à quatre kilomètres, sur les hauteurs de Huexocingo. Au point du jour, l'ennemi qui avait été fort calme pendant la nuit, pour mieux cacher ses desseins, couronna toutes les crêtes au nord, à une distance de deux kilomètres. Nous vîmes défiler plusieurs colonnes de cavalerie, se formant en bataille

18.

sur les plateaux pendant que les fantassins descendaient en colonne, précédés de lignes de tirailleurs. En voyant ces mouvements d'une troupe si nombreuse, on supposa que l'ennemi allait nous livrer bataille; si telle était son intention elle ne fut pas de longue durée, car nos grand'gardes embusquées attendirent ces troupes à bonne portée et leur envoyèrent une fusillade qui les décida aussitô' à faire demi-tour. L'opération du chargement se terminait et nous allions reprendre la route de Cholula, lorsque l'artillerie ennemie, qu'on avait amenée en toute hâte de Huexocingo, se mit en batterie et nous canonna pendant une demi heure. Les projectiles bien dirigés nous inquiétèrent quelque peu, sans cependant nous causer aucun dommage. En rétrogradant sur Cholula, une fois notre mission complétement remplic, notre cavalerie exécuta au nez de l'ennemi des évolutions qui n'engagèrent pas celui-ci à descendre des hauteurs, bien qu'il fût quatre fois supérieur en nombre. Les Mexicains s'arrêtèrent pour observer ces beaux mouvements de notre cavalerie d'Afrique qui était leur terreur.

Notre convoi rentra à Cholula dans la soirée, n'ayant nullement été inquiété par l'ennemi dans cette marche de cinq lieues.

Ces sorties, que faisait la colonne de Cholula, se renouvelaient à peu près tous les jours ; elles étaient nécessaires pour nous procurer du maïs pour les chevaux et les mulets de l'armée, à défaut d'orge. Il fallait donc expéditionner pour parvenir à réunir de

grandsapprovisionnements, en prévision des opérations du siége dont la durée paraissait devoir se prolonger encore, car l'ennemi était disposé à nous disputer avec la plus grande opiniâtreté chaque parcelle
de terrain.

Tout avait été disposé dans la journée du 24 avril
pour attaquer le lendemain matin le couvent et l'é-
glise de Santa-Inez. Personne ne se dissimulait les difficultés que les assaillants allaient avoir pour enlever
ce quâdre formidable, mais on n'aurait jamais cru que
l'ennemi y eût accumulé de si grands obstacles. Le
génie français avait creusé, sous la rue, des galeries
dont deux aboutissaient à des fourneaux de mines
chargés de trois cent cinquante kilogrammes de poudre. L'artillerie avait terminé sa batterie de brèche,
quatre pièces de douze et quatre obusiers étaient
disposés dans le quâdre 30 où était située cette
batterie qui, après avoir fait brèche, devait battre
l'intérieur du couvent. Mais, le 24 au soir, il survint
un violent orage qui inonda les tranchées. Le capitaine du génie Barrillon, craignant que l'eau qui tombait par torrents n'envahît les galeries, insista pour
mettre le feu aux mines. Une explosion épouvantable
se fit entendre ; la terre fut ébranlée, et des édifices
entiers s'écroulèrent, engloutissant les assiégés qui
les occupaient. Une panique extraordinaire s'empara
des troupes ennemies établies dans les retranchements voisins du lieu de l'explosion. C'est à ce moment qu'il eût fallu pouvoir lancer les colonnes d'assaut sur Santa-Inez, le succès n'était pas douteux

une attaque vigoureuse poussée sur ces entrefaites achevait la déroute des troupes ennemies. Malheureusement on dut attendre jusqu'au lendemain à neuf heures du matin. L'ennemi, revenu de sa panique et comptant sur une attaque sérieuse vers ce point, y envoya des renforts. La rue était barricadée sur le flanc gauche de nos quâdres, et deux canons chargés à mitraille attendaient le signal de l'attaque pour cribler nos colonnes et nettoyer la rue dès qu'elle serait envahie par les assaillants. Les terrasses et les balcons de toutes les maisons de ce côté se couvrirent de tireurs prêts à faire feu. On a su que les Mexicains qui défendaient le couvent et l'église de Santa-Inez, au moment de l'attaque, étaient au nombre d'environ cinq mille hommes fortement retranchés.

Au point du jour, la batterie de brèche fut démasquée, le feu fut ouvert avec une violence extrême ; à neuf heures l'artillerie assura que la brèche était pratiquable. Au signal donné, un bataillon du 1er de zouaves fut lancé sur ce quâdre, en défilant comme de coutume sous le feu de l'ennemi, homme par homme, l'un à la suite de l'autre. Le bataillon avait été formé en deux colonnes pour diviser l'attention de l'ennemi. Nos braves soldats pénétrèrent résolument dans l'ouvrage, malgré la mitraille de la rue et la plus violente fusillade venant de toutes les directions. Mais là se présentèrent tout à coup des obstacles imprévus que nul effort surhumain n'aurait pu vaincre. Une immense grille en fer, inclinée en avant, dont chaque barreau était surmonté d'une lance, barrait toute la largeur du jardin du couvent. Derrière, se trouvait un large fossé précédant un parapet à créneaux garni de troupes faisant feu à bout portant. A gauche, le passage était obstrué par une série de trous de loup en quinconce et des chevaux de frise reliés par des lanières de cuir. La brèche faite par l'artillerie dans le mur du couvent, loin d'être un passage facile se trouvait à une hauteur de quatre ou cinq mètres au dessus du sol. Au fond du jardin, plus en arrière, s'élevait le couvent présentant des terrasses échelonnées et formant avec les clochers de l'église des étages de feux qui décimèrent les colonnes.

Celle de droite, après avoir franchi, non sans de grandes pertes, la rue et l'entrée du jardin, se trouva prise sur son flanc droit par les feux meurtriers partant d'une épaisse muraille percée d'une infinité de créneaux. Au raz du sol, l'ennemi avait pratiqué deux embrasures par lesquelles des obusiers vomissaient la mitraille à bout portant sur nos soldats. Le lieutenant de Bornschlégel fut broyé par un coup de mitraille de l'une de ces pièces. La colonne de droite, arrêtée dans cette terrible situation par la grille en fer qui était infranchissable, fut pulvérisée par les feux d'artillerie et de mousqueterie qui la prenaient de face et de flanc ; elle perdit à peu près autant d'hommes qu'il s'en présenta. Ces énergiques soldats firent des efforts inouïs pour chercher à se hisser au sommet de cet obstacle ; mais plusieurs de ces malheureux qui y étaient parvenus furent fusillés à bout

portant et restèrent accrochés aux lances ; la canonnade de la barricade située à gauche dans la rue
devint tellement meurtrière que la moitié de cette
colonne ne put sortir du quâdre pour continuer le
mouvement.

L'attaque de gauche avait eu un peu moins d'obstacles que celle de droite ; là, les actes d'héroïsmes
furent aussi nombreux et aussi admirables que sur
la droite. Les officiers et les soldats qui composaient
cette colonne firent des prodiges de valeur. Malgré
tous leurs efforts, cette attaque si vigoureuse devait
encore échouer parce que dans cette difficile circonstance, comme dans celle du 6 avril, on ne jugea pas
à propos d'envoyer des renforts à cette troupe que
l'on croyait écrasée. La colonne de gauche, bravement conduite par l'intrépide et intelligent capitaine
Devaux, força l'entrée du couvent et suivit, malgré
une terrible décharge d'artillerie, une galerie qui
longeait l'édifice. Le lieutenant Saleta, connu par
son incontestable bravoure et sa remarquable énergie, tenait la tête de colonne. Il avait sollicité et
obtenu l'honneur de marcher le premier à l'ennemi.
Après avoir pénétré dans les galeries du couvent,
ce brillant officier escalade un mur, démolit à coups
de poings une cloison qui donne accès sur une petite
pièce dont une fenêtre domine les retranchements
ennemis ; il s'élance hardiment à cette fenêtre, décharge six fois sur la tranchée son révolver, tue les
Mexicains qui lui font face et épouvante les autres
qui se mettent à fuir. Un long corridor se trouve

à gauche ; il s'y précipite résolument suivi du reste de la colonne à laquelle il avait si héroïquement ouvert un passage, et là on se trouve désormais défilé des feux de l'ennemi ; en outre, une partie du couvent était en notre pouvoir. On continua la marche jusque dans une grande cour intérieure, et là on prit des dispositions pour s'établir solidement en attendant le reste du bataillon qu'on ne voyait pas arriver. Une audace aussi extraordinaire avait mis les assiégés dans l'hésitation ; si en ce moment les troupes qui étaient en réserve dans les quâdres d'où venait de sortir la colonne d'assaut avaient été lancées par le même passage à la suite du capitaine Devaux, le couvent et l'église de Santa-Inez auraient été enlevés, au prix d'énormes pertes, il est vrai, mais au moins nous obtenions un succès au lieu d'un échec. En ce moment, le moral des assiégés qui tenaient ces positions était tellement ébranlé, et par les explosions des mines et par la vigueur de l'attaque, qu'il aurait suffi à l'ennemi de voir déboucher une nouvelle tête de colonne pour s'enfuir au plus vite. En outre la colonne qui était établie dans le couvent, au nombre d'environ cent vingt hommes n'avait pas un clairon pour sonner le ralliement et se faire entendre des troupes de réserve ; le général de tranchée, commandant cette attaque, les avait gardés tous auprès de lui pour faire sonner la charge, au commencement du combat.

L'ennemi, après trois heures d'attente, remarquant que cette petite colonne d'environ cent quarante

hommes n'était pas soutenue, amena  de l'artillerie,
démolit les planchers et menaça de faire crouler les
murs du couvent sur la  tête de nos soldats s'ils ne
se rendaient; on répondit par un feu  de deux rangs
à tous ceux qui se présentèrent. L'attitude énergique
et pleine de résolution  de ces braves déconcerta un
instant les Mexicains qui voulaient tenter de forcer le
passage. Ils firent de nouvelles sommations appuyées
de promesses de toutes sortes. Le brave  capitaine
Devaux venait d'être tué par un coup de feu tiré d'un
créneau fait au plancher; à chaque instant, un officier, un zouave tombaient  pour ne plus se  relever.
Le capitaine Blot, **qui venait** de prendre le commandement, se concerta avec ses camarades, et il fut décidé que, puisque les renforts n'arrivaient pas, il était
impossible de se maintenir plus longtemps dans une
semblable situation. Les zouaves n'avaient rien
mangé depuis la veille, et on n'avait pas de vivres. Le
général Douay, comptant sur le  caractère énergique
de cette vaillante troupe et l'intelligence de son chef,
espéra un instant trouver un moyen de se mettre en
communication avec le  quâdre conquis, mais ce
ne fut point réalisable.

Le détachement capitula  au nombre de cent quarante hommes de troupe et  huit officiers. Nous per-
dîmes en outre dans cette  désastreuse journée : six
officiers tués et onze blessés ; cent vingt-un zouaves
tués et cent trente-neuf blessés.

Ces sortes d'attaques des quâdres, qui donnaient à
l'ennemi l'avantage de garder toujours la  défensive

dans des édifices soigneusement fortifiés à l'avance, nous éprouvaient considérablement. Nos braves troupes ne manquaient ni de dévoûment ni d'intrépidité, mais elles rencontraient souvent des obstacles que des efforts surhumains n'auraient pu surmonter.

La conduite héroïque des officiers et des soldats du 3e bataillon du 1er régiment de zouaves fut mise à l'ordre de l'armée en ces termes :

« Dans la matinée du 25 avril, le quâdre de Santa-
« Inez a été attaqué avec une extrême vigueur par
« un bataillon du 1er régiment de zouaves. Malheu-
« reusement, des obstacles inprévus ont fait échouer
« cette entreprise. Le général en chef n'en doit pas
« moins signaler au corps expéditionnaire les mili-
« taires de tous grades qui se sont fait remarquer
« par leur bravoure en cette circonstance, et il
« est heureux surtout de rendre la plus éclatante
« justice aux officiers du 1er de zouaves qui ont
« montré si vaillamment à leurs soldats le chemin
« de l'honneur. Un grand nombre d'entre eux ont
« payé leur bravoure chevaleresque de leur vie ou
« de leur liberté. »

L'ennemi, encouragé par ce succès, parut plus confiant en lui et essaya de reprendre l'offensive. Dans l'après-midi, après avoir battu en brèche l'angle du quâdre 31, il y donna l'assaut, mais une compagnie du 1er bataillon de chasseurs à pied, qui s'y trouvait de garde, attendit les mexicains à la baïonnette, en tua bon nombre et culbuta le reste.

Le 28, on relia par une tranchée le Pénitencier à

l'église de San-Miguelito, et, les jours suivants, on établit un redan en avant de cette église pour inquiéter le fort de Santa-Anita. On éleva deux batteries à bonne portée, destinées à balayer les terrasses de la ville depuis Belen jusqu'à Santa-Inez. On couvrit les abords de ces batteries d'embuscades, en avant de Santa-Anita. De son côté, le général Bazaine compléta peu à peu le resserrement de la ligne d'investissement au dessus de Puebla, au moyen de tranchées, de points fortifiés, d'ouvrages de campagne reliés par des embuscades. Cette ligne, partant de l'ouvrage de Morelos, passait par la garita d'Amatlan, l'église de San-Baltazar, la garita de ce nom, le moulin de Guadalupe, Santa-Barbara, Molino del Christo et la garita d'Amozoc.

Au nord de Puebla, on fit des travaux analogues. On réunit par une tranchée la garita de Mexico à celle du Pulque. En resserrant la ligne d'investissement, on avait l'avantage de ménager les troupes que ce service fréquent de la garde de tranchée fatiguait beaucoup ; en outre, l'ennemi trouverait de nouveaux obstacles dans sa marche, s'il tentait de s'échapper de la place.

Dans la journée du 1er mai, des pourparlers furent échangés entre les troupes mexicaines et les nôtres de l'ilot 52 à l'ilot 30, au sujet de l'enterrement des morts et de l'échange des prisonniers. Une suspension d'hostilités eut lieu de midi à deux heures. Un aide-de-camp du général Ortega se présenta au Cerro-San-Juan au général Forey.

Pendant cette courte suspension d'hostilités, nous montâmes tous sur les terrasses, les Mexicains en firent autant, et on entreprit la conversation d'un côté de rue à l'autre. Les officiers ennemis vinrent avec empressement donner la main aux nôtres, et témoignèrent à haute voix combien ils étaient impatients de voir cette terrible lutte se terminer au plus tôt. On devinait aisément que nos adversaires pressentaient que dans quelques jours la place se rendrait à discrétion.

Le soir, on continua la tranchée entreprise dans la direction de Santa-Anita, et on éleva une nouvelle batterie en avant de Santiago. De nouvelles dispositions furent prises pour la garde des quâdres. Depuis le combat de Santa-Inez, les gardes de tranchée n'étaient relevés que tous les trois jours; cela permettait un plus long repos aux soldats qui rentraient au camp, tout en augmentant l'effectif des troupes disponibles. A partir du 1er mai, on confia d'une manière permanente la garde de tous les quâdres conquis, au 1er régiment de zouaves et au bataillon d'infanterie de marine. Le colonel Brincourt eut le commandement de toute cette partie de la place; il vint s'installer au Pénitencier. On recommanda de nouveau aux compagnies de garde de veiller avec le plus grand soin surtout pendant la nuit; on était prévenu de la façon la plus positive que l'ennemi combinait une manœuvre pour tenter de forcer le passage à travers nos lignes pour évacuer la place.

Le 3 mai, eut lieu l'échange des prisonniers; nous vîmes arriver nos camarades avec un bonheur indicible ; combien malheureusement manquaient à l'appel! et nos braves officiers ! les capitaines Devaux et Commines de Marsilly, deux officiers remarquables par les grandes qualités qui les distinguaient avaient été tués raide. Les lieutenants de Bornschlégel, Heurteux, de la Haye de Saint-Hilaire et Estennevin, quatre jeunes et intrépides officiers dont tous les zouaves proclament la valeur, avaient trouvé une mort glorieuse dans ces terribles combats de quâdres.

Ceux qui avaient été faits prisonniers se louaient généralement des égards dont ils avaient été l'objet pendant leur courte captivité. Nos officiers avaient beaucoup observé pendant leur séjour dans Puebla, et ils étaient tous persuadés qu'avant peu de jours la place capitulerait. Les chefs mexicains leur avaient semblé extrèmement fatigués de cette lutte. La désunion paraissait régner au quartier-général parmi les plus influents des officiers d'Ortega. Tout présageait un très prochain dénouement même dans la défense des ouvrages ennemis ; le tir de l'artillerie était mou, la fusillade insignifiante. Nos sentinelles, attentives à leurs créneaux, rendaient compte que les soldats mexicains ne se montraient plus bruyants comme auparavant. Depuis l'ouverture du siége, les musiques mexicaines venaient jouer la *Marseillaise* dans les quâdres voisins des nôtres. Mais maintenant un calme lugubre planait sur la ville ; ce silence était même inquiétant, et on était persuadé qu'il cachait quelque projet. Les assiégés, repoussés dans toutes leurs sorties, ne comptaient plus que sur l'armée de Comonfort pour les débloquer et les secourir.

Enfin, après trois jours d'un calme profond, l'ennemi reparut, le 5 mai, pour célébrer sans doute un anniversaire qu'un succès facile lui faisait regarder comme une grande victoire. L'armée assiégée tenta une forte sortie combinée avec un mouvement de Comonfort sur nos lignes.

Un corps de cavalerie, évalué à un millier de chevaux, soutenu en arrière par des colonnes d'infanterie et d'artillerie, se présenta tout à coup en avant du village de San-Pablo-del-Monte. Le général L'Hérillier, qui se trouvait de sa personne au poste de Santa-Maria, dirigea de ce côté une reconnaissance composée d'un escadron du 1er régiment de chasseurs d'Afrique et d'une section de grenadiers du 99e de ligne aux ordres du commandant de Foucauld. C'est avec de si faibles moyens que nos cavaliers n'hésitèrent pas à charger l'ennemi couvert par une *barranca*.

Les Mexicains furent refoulés et poursuivis vigoureusement, en traversant un chemin accidenté et d'un accès difficile. Le brave et chevaleresque commandant de Foucault, voyant l'ennemi à bonne portée, reforma son escadron et se précipita le sabre au poing sur les escadrons mexicains ; la mêlée devint générale, mais, devant tant d'audace, l'ennemi céda le terrain et se replia en combattant vers la ferme d'Acapulco où il fut de nouveau charg , avec la même impétuosité ; là, le commandant de Foucauld tomba percé d'un coup de lance et expira quelques instants après. Au même instant, la garde mexicaine, qui protégeait le porte-étendard du 1er régiment de Durango était assaillie par les cavaliers Bordes et Imbert, deux braves soldats du 1er de chasseurs d'Afrique ; Bordes abattit le porte-étendard d'un vigoureux coup de sabre et s'empara du glorieux trophée qu'il avait si vaillamment conquis, pendant qu'Imbert poursuivait le porte-étendard fuyant à pied, l'achevait d'un coup de pointe et lui enlevait le magnifique baudrier de l'étendard qu'il portait sur lui.

Le capitaine de Montarby se mit à la tête de l'escadron et continua la poursuite que le valeureux de Foucauld avait si bien commencée. Trois fois il rallia l'escadron, trois fois il chargea l'ennemi jusqu'à ce que, blessé lui-même, il dût se retirer. Les Mexicains voyant qu'ils n'avaient affaire qu'à une poignée de cavaliers, s'étaient ralliés, et, appuyés par de l'infanterie et de l'artillerie, ils préparèrent un retour offensif.

Le capitaine Raigeon, vieux militaire de notre belle cavalerie d'Afrique, courageux et calme, mesura rapidement d'un coup-d'œil la situation, et replia en bon ordre sa troupe sur la ferme d'Acapulco où le général L'Hérillier venait d'arriver avec trois compagnies du 2e régiment de zouaves et deux obusiers de montagne. On reprit alors une vigoureuse offensive. L'ennemi eut à supporter un feu d'artillerie bien dirigé qui lui occasionna de grandes pertes. Il battit en retraite, laissant le terrain jonché de morts, de blessés et d'armes de toutes sortes. Nos troupes ramassèrent les blessés, les armes et les prisonniers, ramenant dans leurs camps, comme trophées de leur victoire sur un ennemi vingt fois plus nombreux, un magnifique étendard, vingt-un prisonniers et une grande quantité de lances et de fusils.

Pendant ces évènements, de nombreuses colonnes d'infanterie, cavalerie et artillerie sortaient par le nord de la place, pour essayer de donner la main au corps de Comonfort, dirigeant surtout leurs efforts sur le poste de Sán-José, occupé par une compagnie du 99ᵉ d'infanterie de ligne. Battus par une artillerie nombreuse, à laquelle ils ne pouvaient répondre que par la fusillade, nos soldats soutinrent cette attaque sans broncher et tinrent l'ennemi en échec jusqu'à l'arrivée d'un bataillon d'infanterie, d'un escadron de chasseurs d'Afrique et de deux pièces d'artillerie, sous le commandement du colonel d'état-major Osmont qui força promptement l'ennemi à rentrer dans la place, accompagné par nos obus jusque sous le fort de Loreto.

Dans cette journée où nos troupes eurent à faire face, des deux côtés de notre ligne d'investissement, contre un ennemi de beaucoup supérieur en nombre, les pertes des Mexicains, difficiles à apprécier d'une manière exacte dans un terrain très-accidenté et couvert, furent évaluées à environ deux cents hommes tués ou blessés ; les nôtres furent de quatre tués, dont un officier, quinze blessés dont trois officiers. Parmi ces derniers, se trouvait un jeune officier du 1er de chasseurs d'Afrique, M. de Jammes, qui fut littéralement criblé de coups de feu et de coups de lance. Ce vaillant officier fut mis à l'ordre de l'armée.

Depuis longtemps le général Forey suivait les mouvements du corps de Comonfort, espérant saisir une occasion favorable de l'aborder vigoureusement. Les troupes du général mexicain étaient restées jusqu'aux premiers jours de mai dispersées sur plusieurs points, entre Puebla et San-Martin d'un côté, entre Puebla et Tlaxcala de l'autre. Il ne pouvait résulter aucun succès définitif d'une attaque partielle sur un de ces points, qui n'eût abouti qu'à donner l'éveil sur les autres. Mais, le 5 mai, un mouvement de concentration du corps mexicain se prononça, et sa cavalerie s'avança jusqu'à San-Pablo-del-Monte pour tâter le terrain.

L'intention de Comonfort était évidemment de chercher à percer la ligne d'investissement, pour faire arriver un convoi à la garnison qui, de son côté, fit ce jour là une sortie qui échoua. Après cette tentative infructueuse, le général mexicain, restant toujours sur la route de Tlaxcala, vis-à-vis de San Pablo, étendit sa droite sur le plateau de San Lorenzo, dont il fit un point d'appui où il amena du canon, et se fortifia, espérant sans doute s'emparer des hauteurs du Cerro-de-la-Cruz, battre, de ce point, notre ligne d'investissement, en même temps qu'il eût fait un effort sur San-Pablo-del-Monte, en jetant son convoi dans la place.

En effet, le 6 mai, il parut vouloir mettre ce projet à exécution. Des masses d'infanterie se blottirent dans les *barrancas* qui séparaient les deux armées, attendant sans doute l'effet de l'artillerie de San-Lorenzo pour assaillir le Cerro-de-la-Cruz, mais ces hauteurs furent fortement occupées par le général Marquez renforcé par quelques compagnies françaises. L'artillerie ennemie fut contre-battue avec succès par la nôtre qui débusqua l'infanterie mexicaine des *barrancas* où elle était massée, et ce fut encore de la part de Comonfort une tentative avortée. Il passa toutefois la journée du 7 à mieux combiner ses projets, à se retrancher fortement sur le plateau de San-Lorenzo, méditant un coup décisif prochain.

De son côté, le général Forey jugea le moment opportun pour détruire ce corps d'armée, et ordonna de l'attaquer le 8 mai au matin, en le tournant par sa droite établie à San-Lorenzo.

Dans la soirée du 7, quatre bataillons, quatre escadrons, huit pièces d'artillerie et une section du génie furent réunis au pont de Mexico, l'infanterie sous les ordres du général Neigre, la cavalerie commandée par le général de Mirandol. Le chef d'escadron de la Jaille dirigeait l'artillerie. Le commandement général de cette colonne était confié au général Bazaine qui avait ordre de quitter son campement à une heure du matin, de suivre la route de

Mexico, dans le plus grand silence, jusqu'à la hauteur de San Lorenzo et, là, tourner à droite, pour arriver au point du jour, en vue des positions à enlever.

Tout réussit à souhait, et sans autre incident que la rencontre de quelques vedettes et d'un avant-poste qui fut enlevé par l'escadron du colonel de la Péna. A cinq heures du matin, les troupes, en échelons par bataillon à distance entière, précédées de la batterie de la garde et flanquées à gauche par la cavalerie, se dirigeaient, l'aile gauche en avant, sur les retranchements construits autour de l'église de San-Lorenzo.

Les Mexicains, quoique surpris par cette attaque, avaient cependant eu le temps de courir aux armes et avaient ouvert un feu violent d'artillerie à mille mètres. Nos canons répondirent bientôt avec succès, et toute la ligne, au pas de course, se précipita avec un élan irrésistible et aux cris de: Vive l'Empereur! sur la position qui fut enlevée en quelques minutes, malgré une résistance désespérée des mexicains dont une grande partie furent tués à la baïonnette. Les autres se débandèrent et cherchèrent à se sauver par le gué de Pensacola, en se précipitant dans la *barranca* de l'Atoyac, mais, mitraillés par notre artillerie, poursuivis par la cavalerie du général de Mirandol et celle de Marquez qui était promptement descendu du Cerro-de-la-Cruz, ces fuyards jonchèrent bientôt la campagne de morts et de blessés jusqu'au village de Santa-Inez. Sur ce point, la déroute de l'ennemi fut telle qu'il se mit à fuir de toutes parts dans un affreux désordre, et qu'on cessa de le poursuivre.

Dans ce brillant combat, les mexicains laissèrent entre nos mains huit canons dont six rayés, trois drapeaux, onze fanions, un millier de prisonniers parmi lesquels plusieurs colonels et officiers supérieurs, la plus grande partie du convoi destiné au ravitaillement de la place de Puebla, qui consistait en voitures et mulets chargés de vivres et d'effets de toute nature et en troupeaux ; des munitions d'artillerie, trois mille kilogrammes de poudre et quantité de projectiles.

« Huit ou neuf cents hommes tués ou blessés et
« l'armée entière de Comonfort totalement dispersée,
« tel fut le résultat de cette victoire qui ne nous couta
« que onze tués et quatre-vingt-neuf blessés. »

*(Extr. du rapport officiel).*

L'ennemi voyait sa cause perdue par le terrible échec qu'il venait de subir à San-Lorenzo. Le jour même, les assiégés connurent dans ses plus amples détails la défaite du corps d'armée de Comonfort par quelques indiens qui parvinrent à s'introduire dans la place.

Le 12 mai, les travaux de siége, un moment ralentis, reprirent une grande activité. Les quadres étaient toujours occupés par les mêmes troupes. On n'entendait plus le moindre bruit dans la ville, ce silence indiquait d'une manière évidente le découragement dans lequel se trouvait plongé Ortega avec son armée. Les espions nous informaient que chaque nuit, au palais du général mexicain, avaient lieu des séances longues et fort animées, dans lesquelles on discutait sur les mesures à prendre dans ces critiques circonstances ; des bandes nombreuses de déserteurs arrivaient à chaque instant dans nos tranchées avec armes et bagages.

Après l'assaut infructueux de Santa-Inez, on décida qu'il fallait renoncer à poursuivre de vive force l'attaque des quâdres, ces opérations devant le plus souvent échouer contre des obstacles au-dessus de toute prévision, et nous causer de grandes pertes sans résultat utile. On pensa à une opération contre San-Agustin, de manière à pénétrer rapidement dans le réduit de la place. L'idée d'agir par la mine se présentait naturellement, mais les sondages pratiqués montrèrent le roc à cinquante centimètres au-dessous du sol ; on dût chercher une autre combinaison.

Déjà, après la prise du Pénitencier, on avait pensé à attaquer le fort de Carmen, de façon à cheminer sur le réduit de la place par deux directions à la fois, en divisant les forces de l'ennemi. Nos approvisionnements de munitions s'étaient considérablement augmentés, et on décida d'entreprendre cette attaque. D'ailleurs, depuis le 8 mai, le feu des assiégés s'était sensiblement ralenti, ce qui, de la part d'un ennemi qui gaspillait ses munitions avec tant de facilité, dénotait du découragement ou peut-être pénurie de ses projectiles d'artillerie, dont, depuis l'ouverture du siége, il avait fait un abus singulier.

Le fort de Totiméhuacan, qui dominait et flanquait Carmen, devait d'abord être enlevé, ce qui ne demandait pas de grands efforts, car cet ouvrage, qui était très isolé du corps de la place, n'avait pas de réduit. Une fois Totiméhuacan en notre pouvoir, Carmen était entouré par nos batteries et, par conséquent, dans une situation bien difficile.

Le 10 et le 11, on commença les premiers travaux; le 12, la première parallèle fut ouverte; toutes nos batteries de gauche ouvrirent un feu nourri pour détourner l'attention de l'ennemi ; le 13 mai, à sept heures du matin, les assiégés firent une sortie en masse par le fort de Totiméhuacan et s'avancèrent hardiment contre notre parallèle, c'était un coup d'audace désespérée. Les compagnies de garde de tranchée, du 3e de zouaves, laissèrent s'avancer les colonnes ennemies jusqu'au bord du fossé, et là les accueillirent par une décharge terrible; nos braves soldats franchirent aussitôt résolument le parapet et abordèrent l'ennemi à la baïonnette. La résistance de celui-ci fut plus opiniâtre qu'elle ne l'avait été dans aucune circonstance précédente. Il fut bientôt culbuté et poursuivi jusque dans ses retranchements, laissant sur le terrain un nombre considérable de morts.

On relia, après l'avoir complétée, la parallèle et ses communications au moulin de Guadalupe et à la garita de San Balthazar. L'artillerie entreprit la construction de nouvelles batteries.

Le 14, Ortega demanda une suspension d'armes

pour pouvoir relever et enterrer les morts, en avant
du fort de Totiméhuacan ; on poursuivit l'établissement des travaux d'approche et l'armement des batteries. Le 15, une attaque bien dirigée sur le rancho
de la Magdalena nous rendit maîtres de ce point dont
la perte était préjudiciable à l'ennemi, car désormais
il était complètement emprisonné dans la place par
la ligne du sud. Il fit une vaine tentative pour le reprendre, mais toutes ses sorties furent repoussées
vigoureusement là comme sur les autres points. Les
communications furent continuées avec activité et on
arma sept nouvelles batteries.

Les troupes de garde dans les quâdres veillaient
soigneusement jour et nuit, l'ennemi ayant fait ré-
pandre le bruit d'une attaque générale pour sortir à
tout prix de la ville.

Le 16 mai à six heures du matin, toutes les batteries en avant de Totiméhuacan ouvrirent un feu terrible sûr le front d'attaque de cet ouvrage. Des
batteries de campagne, établies provisoirement en
avant de Carmen, criblèrent ce fort de leurs projectiles. En même temps, toute l'artillerie des attaques
de gauche, ainsi que les mortiers et canons mexicains
qui étaient tombés en notre pouvoir pendant le siége,
couvrirent la ville de leurs boulets. Les assiégés, surpris un instant par ce feu d'enfer, se mirent bientôt
à riposter avec énergie, mais, au bout d'une heure,
écrasés par un tir convergent et bien dirigé, ils
furent réduits au silence.

Le feu de nos batteries avait écrasé complètement

le fort de Totiméhuacan, dont les parapets démantelés et ruinés laissaient à découvert les canonniers et leurs pièces. L'ennemi fit sur ce point des pertes immenses; il dut l'évacuer promptement, après avoir reconnu l'impossibilité de s'y maintenir.

Depuis le 14, le général Ortega avait fait faire au général Forey des ouvertures confidentielles de capitulation par un de ses aides-de-camp. Il lui fut demandé des propositions catégoriques par écrit. Le 16, il envoya en parlementaire le général Mendoza, son chef d'état-major, porteur des pouvoirs nécessaires pour traiter d'un armistice et poser verbalement les bases de la capitulation. On lui refusa absolument de suspendre les opérations, et on déclara à ce parlementaire que, s'il y avait lieu, on traiterait tout en continuant à combattre. Mis en demeure de s'expliquer sur la capitulation qu'il demandait, le général Mendoza proposa de laisser sortir de la place la garnison avec armes et bagages, une partie de son artillerie de campagne, les honneurs de la guerre et l'autorisation de se retirer sur Mexico.

Ces étranges propositions furent repoussées, et on répondit que les seules acceptables seraient pour la garnison de sortir avec les honneurs de la guerre, de défiler devant l'armée française, de déposer ses armes et de se constituer prisonnière de guerre.

Pendant la nuit, l'ennemi brisa ses armes, encloua les canons, détruisit une partie de ses munitions, licencia ses soldats, et, au point du jour, Ortega écrivit au général Forey que la place était à sa disposition, qu'il se tenait, avec les officiers de son armée, au palais de l'évêché où il attendrait ses ordres.

Le 17 mai au matin, le 1er bataillon de chasseurs à pied fit son entrée dans la place, dont le colonel d'état-major Manêque fut nommé commandant militaire. Cet officier supérieur prit immédiatement toutes les mesures que nécessitait l'occupation de cette grande ville, qui se trouvait en ce moment dans un état de bouleversement et de désordre indescriptibles. L'armée française occupa dans la journée les forts extérieurs, et on se mit aussitôt à détruire les barricades qui obstruaient les rues, de manière à assurer la libre circulation dans la ville. Toute la partie de la place qui avait été l'objet direct de nos attaques était dans un état de destruction difficile à dépeindre. Les maisons composant les quâdres voisins de San-Agustin et Santa-Inez n'étaient plus que ruines; plusieurs établissements considérables avaient entièrement disparu. Ces quartiers avaient été plutôt bouleversés par l'accumulation des défenses de l'ennemi que par l'effet de nos projectiles. L'armée d'Ortega avait déployé une activité inouïe et une fécondité d'inventions diaboliques dans la création des obstacles offensifs et défensifs, dont quelques-uns atteignirent une perfection sans précédents.

Pendant toute la journée du 18 on continua à déblayer les rues qui étaient encombrées de canons brisés, d'affuts renversés, de caissons détruits, de débris d'armes et d'équipements.

Les habitants, qui n'avaient pas quitté la ville

pendant le siége, comprenant que le calme et la sécurité allaient renaître pour cette cité désolée, s'aventuraient dans les rues pour voir circuler l'armée française, dont la discipline sévère inspirait aux familles la plus grande confiance.

Puebla, au moment où nous y entrâmes, nous sembla une malade qui revient à la santé après de longues et cruelles souffrances. Partout on voyait les traces des ravages de notre artillerie sur les maisons des quartiers du centre et même des plus éloignés de la ville. Une de nos premières bombes alla éclater sur la maison d'un pharmacien français, rue Carniceria, derrière le palais de l'Ayuntamiento, et alluma un incendie qui détruisit tout l'établissement. La plupart des maisons de la plaza-mayor étaient trouées en plusieurs endroits et paraissaient avoir été fort maltraitées par la canonnade générale du 16 mai ; presque tous les édifices religieux étaient plus ou moins endommagés.

Le 19, le général en chef fit son entrée solennelle, accompagné de son état-major et d'une garde composée de détachements des diverses armes. Il fut reçu à la porte de la cathédrale par le chapître métropolitain et conduit au chœur où l'on chanta un *Te Deum*, au milieu d'un concours immense de population qui témoignait hautement de sa joie d'être enfin délivré de ses oppresseurs. L'armée défila ensuite sur la place d'armes aux cris de : Vive l'Empereur !

L'ennemi allégua, pour atténuer le mauvais effet que ne pouvait manquer de produire la reddition de la place, qu'il n'avait plus ni vivres ni munitions. Cette allégation, en partie vraie, était exagérée, car on trouva encore des ressources en vivres et bonne quantité de munitions, indépendamment de celles qui avaient été détruites et dont nous avions entendu les explosions pendant la nuit du 16 au 17 mai. Ce n'était donc pas là le véritable motif qui avait fait cesser la résistance. La défaite et la dispersion de l'armée de secours de Comonfort, le 8 mai, en enlevant à la garnison tout espoir d'être ravitaillée ou renforcée, l'avait démoralisée ; la sortie du 13 mai, dernier effort sérieux de l'assiégé, repoussée avec des pertes considérables ; l'attaque du fort de Totiméhuacan, que notre artillerie avait très-gravement endommagé ; la crainte d'un bombardement général qui ne pouvait manquer d'avoir lieu dès que seraient arrivées les pièces rayées de la marine, amenées par M. le capitaine de frégate Bruat ; telles étaient les véritables causes qui avaient déterminé Ortega à demander une capitulation.

Il avait pris la première parallèle en avant de Totiméhuacan pour une simple tranchée d'investissement, et la sortie du 13 mai l'avait complètement dissuadé. Dès qu'il vit, au début du siége, que notre intention était d'attaquer la place par le sud-ouest, il y accumula tous ses moyens de défense, en négligeant la partie sud-est. Lorsque, tout d'un coup, nos efforts se portèrent de ce côté, il ne se dissimula point que l'assaut du fort de Totiméhuacan serait suivi de l'enlèvement de la ville.

Le général Forey avait d'ailleurs prévenu les parlementaires que, si la garnison attendait l'assaut général, elle serait, selon les lois de la guerre, passée au fil de l'épée. (*Extrait du rapport officiel.*)

La prise de Puebla mit entre nos mains vingt-six généraux, deux cent vingt-cinq officiers supérieurs, huit cents officiers inférieurs, douze mille soldats, cent-cinquante pièces d'artillerie, des armes et des munitions cachées en quantités considérables. L'ennemi avait détruit ses drapeaux ; on ne put retrouver que celui du bataillon de Zacatecas.

Les généraux mexicains faits prisonniers étaient :

Jesus-José Ortega, général en chef ;

José Maria Mendoza, chef d'état-major général ; Paz, Garcia, Berriozabal, Prieto, Antillon, Lamadrid, Alatorre, Auza, Pinzon, Sayozo, Patoni, Osorio, Cosio, La Llave, Escovedo, Mejia, Sanchez, Caamano, Locra, Rioscco, Huerta, Mora, Hinojosa, Columbres, et Diaz.

Ce dernier parvint à s'évader, avec Berriozabal et Antillon, en trompant la confiance de l'officier français commandant le poste préposé à leur garde.

Ortega et La Llave en firent autant à leur arrivée à Orizaba, le 27 mai ; La Llave fût assassiné par ses hommes d'escorte, Ortega ne dut son salut qu'à l'agilité de son cheval. Il parait que mentir à sa parole d'honneur pour ces gens là était fort peu de chose, car ils n'en tinrent aucun compte, non plus que des égards avec lesquels ils furent traités.

On prit peut-être trop au sérieux ces personnages,

généraux de révolution qui ne possédaient ni la dignité indispensable à ceux qui occupent cette position élevée, ni le sentiment d'honneur qui oblige le vaincu envers un généreux vainqueur. Nous devons ajouter cependant que Mendoza et plusieurs autres se firent remarquer par la noblesse de leur conduite.

Les généraux, officiers supérieurs et autres furent dirigés sur Orizaba, pour, de là, recevoir les uns la destination de France, les autres de la Martinique.

On ne conserva que les prisonniers de troupe, pour être employés aux travaux de déblaiement et de propreté de la place et à la démolition des barricades

# XII

Puebla. — La Cathédrale. — Le peuple mexicain.

Puebla est une grande ville, située dans une vallée, sur le grand plateau de la Cordilière, à une hauteur de 2,196 mètres au-dessus du niveau de la mer ; elle est réputée la seconde ville du Mexique par ses édifices, sa nombreuse population et la physionomie particulière de ses habitants ; non loin de ses murs, on voit le cours sinueux et encaissé de petites rivières : l'Atoyac, l'Alzezeca ; le rio San-Francisco coule dans l'intérieur de la ville, au bas du Cerro de Guadalupe ; leurs eaux ont un cours facile, alimenté par des pluies abondantes.

Les rues de Puebla vont dans la direction nord-est, sud-est ; elles sont larges, bien pavées, et possèdent de beaux trottoirs ; quelques-unes, entr'autres celle de *los mercaderes*, sont fort belles et pavées en losanges d'un fort bon effet.

Autrefois la ville était divisée en quartiers, aujourd'hui ce sont des *mauzanas* (quâdres) qui comprennent ensemble environ trois mille maisons. Il y a vingt-six places publiques, parmi lesquelles la Plaza-Mayor qui est fort belle et surtout agréable. Elle était encadrée de fort belles allées, mais Ortega fit abattre, pendant le siége, la plus grande partie des arbres pour démasquer les abords du grand réduit. Les édifices les plus remarquables sont les églises, toutes fort riches et très-nombreuses. La cathédrale est admirablement belle ; nous donnerons plus loin sa description complète.

Le palais épiscopal, à côté de la cathédrale, est un immense bâtiment sans goût et sans architecture, barbouillé de rouge et de blanc, mal construit à l'intérieur ; il est fort ancien. Le palais du gouvernement, où sont installées la comptabilité générale du département et les archives, est occupé aujourd'hui par l'ayuntamiento et précédemment par le congrès. Une des ailes de ce vaste édifice sert d'hôtel au général français qui commande l'état de Puebla.

La ville possède trois hôpitaux ; celui de San-Juan-de-Dios est dirigé par les religieux de cet ordre ; celui de San-Pedro a recueilli les malades mexicains prisonniers de guerre ; l'hospice de Saint-Roch est destiné aux aliénés. Tous ces établissements sont loin d'être tenus avec le même ordre et les mêmes soins que les hôpitaux français.

On voit aussi à Puebla un musée qui fut créé en 1828, et qui renferme une collection nombreuse d'antiquités, d'histoire naturelle, etc. Cette belle et riche collection est sur le point de se perdre faute d'entretien.

L'école de dessin, fondée le 29 mai 1814, est dirigée par de bons professeurs qui font des élèves distingués parmi les jeunes Pueblans dont le goût pour les beaux-arts est digne de fixer l'attention.

Les colléges sont au nombre de quatre; le plus ancien est celui de San-Luiz, dirigé par les dominicains; le collége national ou *Carolino*; le grand séminaire et le petit séminaire de San-Pablo.

Pour les demoiselles, il y a cinq institutions; ce sont: le pensionnat des Vierges, San-José de Gracia, Jésus-Maria, Los Gozos, Nuestra Senora de Guadalupe.

Les promenades publiques étaient fort belles avant le siége. La *Alameda* ou *Paseo-Viéjo*, qui est de petite dimension, attire le dimanche une partie de la population. Le *Paseo-Nuevo*, situé à l'est du Pénitencier de San-Xavier, a été complètement dégradé par les travaux de défense de la place. Tous les beaux arbres et monuments, qui faisaient de cette promenade un lieu fort agréable et d'une perspective délicieuse, ont été détruits. L'armée assiégée en avait fait un dépôt d'immondices. Il faudra de longues années pour rétablir cette somptueuse promenade sur son ancien pied. Dans le voisinage se trouve un vaste établissement de bains sulfureux qu'une source abondante alimente sans cesse. L'édifice a été presqu'entièrement détruit pendant le siége; on voit là une immense piscine en pierre de taille qui pourrait contenir plus de deux cents baigneurs.

La température de Puebla est saine, le ciel est pur, et les habitants affables se signalent par leur politesse et leurs bonnes façons. Si l'on est admis dans quelque *tertullia* (réunion de famille) de la ville, on est disposé à revenir de la mauvaise impression que, de prime abord, produisent les habitants de Puebla sur les étrangers. Les marchés sont toujours abondamment pourvus. Au Mexique, on prétend généralement que Puebla est la ville où la vie est le plus facile ; cependant je dois faire remarquer que nous avons toujours payé fort cher tout ce que nous avons été obligés d'y acheter. C'est peut-être à notre qualité de Français que nous devions cette désagréable exception.

On voit dans les environs des usines où l'on travaille le fil, le verre, le savon, la porcelaine, etc., des moulins, des haciendas. Les habitants sont assez industrieux, plus que leurs voisins des autres provinces, ce qui donne à espérer qu'un jour Puebla sera la ville la plus manufacturière du Mexique. On évalue la population à quatre-vingt mille habitants, mais les deux tiers sont Indiens. Les maisons ont toutes des balcons, des terrasses peintes à fresques comme dans quelques villes d'Italie ; vues de loin, elles offrent un coup d'œil assez pittoresque.

Puebla est le centre de la culture du *maguey* et de la fabrication du *pulque*. Aussi loin que la vue peut s'étendre, on voit ses campagnes plantées de ces végétaux disposés symétriquement en allées.

On mange à Puebla d'excellentes confitures de coings et des pâlisseries fort renommées.

Le premier temple qui fut édifié sur la Plaza-Mayor remonte à l'an 1531 ; on le construisit sur l'emplacement occupé aujourd'hui par le portique de Flores. Plus tard, on en bâtit un autre de trois nefs sur le lieu où se trouve la chapelle du Saint-Sacrement. On l'acheva en 1648, et, lorsque le siége épiscopal fut transféré de Tlaxcala à Puebla, cette église devint la première cathédrale.

Celle-ci étant devenue insuffisante, on entreprit la construction de celle qui fait aujourd'hui l'admiration des étrangers ; on ne connaît pas la date précise à laquelle elle a été commencée, mais on sait qu'une certaine partie de la fortune de monseigneur Palafox y fut consacrée en 1640, époque où cet évêque administrait le diocèse de Puebla ; on y dépensa ensuite plusieurs millions. Les dessins sont du célèbre architecte royal Juan Herrera qui vécut au dix-septième siècle.

Ce bel édifice s'élève majestueusement présentant un parallélogramme de 90 mètres de longueur sur 60 mètres de largeur, non compris le parvis qui est très vaste. La façade principale est ornée de superbes statues en pierre blanche ; les portes et tambours sont en bois de cèdre, ornés de dessins bizarres en bronze. On voit à chaque angle de la façade une tour carrée d'une hauteur perpendiculaire, au dessus du parvis, de soixante quinze mètres. Le sommet est orné d'une coupole en briques vernies, qui s'élève sur un socle octogone à créneaux, et est surmonté d'une lanterne à colonnettes, qui porte à son extrémité un globe et une croix en marbre blanc. La tour du Sud a coûté cinq cent mille francs ; elle est garnie de cloches énormes au nombre d'une trentaine. Lorsque ce carrillon est mis en branle, ce qui arrive à chacune des nombreuses fêtes du calendrier mexicain, c'est à devenir fou. Les mexicains affectionnent cette abasourdissante harmonie. La plus grosse cloche, fondue par un certain Francisco Marquez, pèse 185 quintaux et a coûté quarante-cinq mille francs.

La grande coupole du temple est en faïence jaune et verte ; elle s'élève majestueusement au dessus d'un acrotère octogone, avec pilastres d'ordre ionien à chaque angle. La lanterne est dominée par une statue.

A l'intérieur, l'architecture est en général d'ordre dorique, de double dimension et en pierre de taille.

Le tabernacle est un œuvre remarquable en son genre. Son plan est circulaire, il a la forme d'une petite tour ouverte par quatre faces. Il a une hauteur de 25 mètres au dessus du sol. Il se compose de deux corps : le premier, d'ordre dorique, est orné de seize colonnes cannelées de sept mètres de hauteur, par groupes de quatre à chaque angle où l'on remarque les statues colossales des saints docteurs. Les colonnes ont une magnifique corniche garnie sur chaque façade d'un fronton semi-circulaire avec des anges en saillie dans des nuages. La coupole de ce splendide tabernacle est couronnée par un socle qui sert de piedestal à la statue de saint Pierre ; l'intérieur est en rapport par sa richesse d'ornementation avec l'extérieur. Au centre, on voit un autre tabernacle, plus petit, qui sert à recevoir le Saint-Sacrement. Le premier corps, ainsi que le tabernacle central, sont de marbres fins ; tout le deuxième corps, semblable sauf les dimensions au premier, est en stucs imitant le marbre.

Au bas de chaque façade, se trouve un autel de beau marbre. La table est de trois mètres de long, d'une seule pièce. Tout autour on voit de riches ornementations de bronze. Au dessus de chaque autel est placé un tabernacle, d'une seule pièce, avec colonnes d'albâtre aux angles. Les portes sont ornées de bas reliefs en vermeil.

Dans l'intervalle d'un angle à l'autre des autels, existent quatre portes qui communiquent au panthéon des évêques, situé sous le tabernacle principal. Les encadrements et les frontons semi-circulaires de ces portes sont fort curieux. Au centre, on remarque des groupes de séraphins enlacés dans des festons d'un goût parfait ; les portes sont de bois précieux, et les décors de bronze doré. La voûte du caveau et les sépulcres sont en marbre noir et blanc, de même que le pavé au milieu duquel se trouve l'ossuaire. Le sanctuaire de l'église semble être le socle immense de ce beau monument, l'un des plus remarquables qui existent sur le globe ; on employa près de quarante années à le construire et on y employa plus d'un million de francs.

Au fond de l'église, derrière le chœur, la chapelle des âmes du purgatoire possède une magnifique peinture du jugement dernier.

Aux colonnes des nefs latérales, sont suspendus quatorze cadres ovales de deux mètres de hauteur, représentant les stations du chemin de la croix, œuvres admirables de don Miguel Cabrera, et plus loin on remarque d'autres toiles de peintres célèbres. Dans une des chapelles latérales, on est saisi d'admiration à la vue d'une image de la Vierge entourée d'anges ravissants; c'est le chef-d'œuvre du P. Garcia Ferrer ami intime de monseigneur Palafox. L'autel supporte un tabernacle fort riche en argent massif, au dessus duquel est une niche qui renferme la statue de la Vierge de bon secours, assise sur un piédestal. Tout cet ouvrage est en argent massif. On remarque, dans toutes les chapelles, profusion d'or et d'argent dans l'ornementation.

Dans la sacristie, de belles peintures de Paul Rubens ornent les murs. Les armoires qui renferment les ornements sacerdotaux sont de bois précieux. On y voyait, avant la dernière révolution, un *lavabo* de trois mètres de haut et de deux mètres de diamètre; il était en argent massif, avec une belle statue de Saint Michel entièrement faite de ce métal.

L'argenterie de la cathédrale de Puebla était autrefois d'une richesse phénoménale; on peut en juger par ce que les révolutions y ont encore laissé subsister après de nombreuses spoliations. Il y avait des lustres immenses en argent massif avec bobêches en or; de somptueuses urnes avec bouquets gigantesques de fleurs artificielles d'un luxe éblouissant. Les candélabres du maître-autel sont en argent massif d'une hauteur de trois mètres. Le lustre le plus beau est composé de deux mille pièces, avec bobêches en or, il pèse cent-quarante kilogrammes et à coûté trois cent soixante mille francs. On montre également deux encensoirs avec leurs navettes en or massif. Les vases sacrés sont d'une richesse incomparable. Un ostensoir, haut de plus d'un mètre, est en or massif, enrichi de diamants d'un côté, et de belles émeraudes du côté opposé. Un autre est garni de la plus belle collection de perles qui se puisse imaginer. Le piédestal est d'un travail exquis, orné de brillants et de pierres précieuses.

Le grand chandelier triangulaire, placé au milieu du chœur, est un admirable ouvrage en ébène de huit mètres de haut ; les sculptures sont remarquables.

Les ornements sacerdotaux sont en rapport avec la richesse des vases sacrés, ainsi que les tapis de pied et les tentures. Les colonnes et corniches de la cathédrale sont toutes recouvertes d'un immense tapis en velours cramoisi, garni de grands galons d'or, fort somptueux. Le dais est d'une magnificence remarquable.

Ce temple, vu en passant, se fait remarquer par la régularité de sa belle architecture ; examiné dans ses détails intérieurs, il frappe d'admiration par la richesse et le bon goût de son ornementation ; c'est sans aucun doute un des monuments religieux les plus riches de la terre.

Nous nous sommes plu à donner de grands détails sur ce remarquable monument parce qu'il offre par lui-même un grand intérêt au voyageur qui l'examine attentivement et, en second lieu, parce que les monuments publics, autres que les édifices religieux, n'ont au Mexique aucun caractère digne de fixer l'attention.

La population mexicaine des grandes villes se compose invariablement : de *créoles*, blancs de race européenne, nés au Mexique qu'ils ont adopté pour leur patrie ; de *métis*, fils de blancs et d'indiens, et enfin la partie la plus nombreuse de la population est formée d'indiens de race indigène.

Les *créoles* constituent l'aristocratie de la population du pays, quel que soit leur rang dans la hiérarchie sociale. Je suis blanc ! disent-ils avec orgueil aux étrangers qui les questionnent. Ils tiennent à un grand degré d'infériorité tout ce qui a du sang mêlé. Ils sont intelligents et d'une aptitude remarquable pour les arts et les sciences à l'étude desquels ils se livrent passionnément. Si le Mexique parvient à étouffer la guerre civile et à se constituer définitivement, il sortira sans doute de cette classe des hommes remarquables dans les sciences et les lettres.

Les *métis* forment un tiers de la population ; ils sont hautains et envieux, énergiques de caractère, remarquables par leur agilité, leur activité et leur adresse dans les exercices physiques. Ardents et ambitieux, ces hommes cherchent, par tous les moyens, à acquérir des connaissances pour détruire tout prétexte d'infériorité entr'eux et la classe purement blanche.

Les indiens sont doux, paisibles et laborieux, ignorants et stupides, pratiquant avec toutes sortes de démonstrations fanatiques la religion catholique dont ils ne comprennent pas le premier mot. Avec la docilité naturelle propre au caractère de l'indien, si les gouvernements lui avaient donné les moyens de s'instruire et de développer quelque peu ses facultés intellectuelles, on aurait pu obtenir de lui tout ce qu'on aurait désiré. C'est l'indien qui nourrit les habitants des villes du produit de ses champs ou de son industrie ; l'indien seul est assez énergique pour se livrer à des travaux fatigants qui répugnent aux mexicains nés dans les villes. Aussi voit-on un nombre considérable de ceux-ci végéter dans une honteuse oisiveté, lorsque leurs mauvais instincts ne les entraînent pas au milieu de ces bandes de voleurs de grands chemins, une des plaies de ce malheureux pays. La basse classe est généralement corrompue et abrutie ; l'ivrognerie et la paresse entretiennent l'immoralité la plus dégradante chez les *Leperos*, ces lazzaroni des villes mexicaines. Ces misérables presque nus, enveloppés dans un *zarape* en haillons, se voient dans les faubourgs, couchés ou étendus par groupes, cherchant la vermine qui les dévore. Il serait imprudent de s'aventurer sans un bon révolver au poing, pendant la nuit, dans les quartiers reculés qu'habitent ces gens en guenilles dont la police mexicaine ose à peine s'occuper.

Les mœurs mexicaines ont beaucoup d'analogie avec les mœurs espagnoles ; elles sont extérieurement empreintes de pratiques monastiques, toutes confites en actes de dévotion, mais au fond elles laissent encore à désirer.

On se réunit généralement le soir dans une famille amie pour y causer, boire le thé et jouer. Ces sortes de réunions se nomment *tertullias* ; on y vient surtout pour jouer, car, au Mexique, la passion dominante de toutes les classes de la société, des personnes de toutes conditions et de tout sexe, c'est le jeu. On joue aux dés et ensuite au *monte*, jeu de cartes importé d'Espagne ; hommes, femmes, jeunes filles, vieillards se pressent autour du tapis qui se couvre d'or.

On est frappé du calme apparent avec lequel un père, une mère de famille exposent une somme considérable qui compose parfois toutes leurs ressources et dont la perte les laisse dans la misère. Cette sordide passion dévore la nation entière, qui passe ses nuits au tripot et dort le jour. La fureur du jeu a pénétré dans toutes classes, même les plus infimes ; dans les marchés, sur les places publiques, aux portes des corps de garde, on ne voit que joueurs.

La population créole est généralement belle ; les femmes sont pâles, les hommes basanés, mais les uns et les autres se font remarquer par l'harmonie de leurs grâces naturelles. Les dames suivent les modes de Paris avec autant de régularité que les dames de la province en France ; mais cette coquetterie est ruineuse.

Les indiennes sont vêtues d'un jupon assez court,
brun ou rouge et d'une sorte de veste ouverte sur
la poitrine ; elles vont nu-tête ou bien couvertes
d'un chapeau de feutre gris à larges bords. Toujours
les jambes nues, elles ont parfois des souliers
qu'elles ne portent qu'à la ville.

Tout le monde fume, hommes, femmes et enfants, de petites cigarettes dont la privation serait
plus pénible à supporter que celle du pain, tant est
enraciné le besoin de fumer qu'éprouvent les mexicains.

Une institution qui rappelle le vieux temps en
France, mérite d'être signalée, car elle nous étonna
beaucoup dès notre entrée dans les villes mexicaines. Je veux parler du corps de *serenos*, crieurs
de nuit qui font la police des rues, signalant
l'heure et le temps qu'il fait depuis dix heures du
soir jusqu'au lever du soleil. Cette troupe, recrutée
parmi la basse classe, laisse beaucoup à désirer.
Elle est parfois de connivence avec les malfai-
teurs, et jamais elle n'opère une arrestation dans ce
pays où le vol est une profession beaucoup trop
suivie.

Le peuple mexicain aime beaucoup les fêtes religieuses, et l'on peut dire qu'il en abuse ; il ne se passe
guère de semaine où, sous prétexte de vivre en bon
chrétien, il n'abandonne deux ou trois fois ses travaux
pour se livrer béatement à un repos qui ne lui plait
que trop. La nuit, la fête du saint est célébrée par
des tirs de pièces d'artifice et de fusées bruyantes

qui tiennent les dormeurs éveillés jusqu'au jour ;
à ce moment les carillons les plus étourdissants et
les plus compliqués commencent et ne finissent
qu'au coucher du soleil. Il n'y aurait pas de fête au
Mexique si on supprimait la plus minime partie de
ce cérémonial fort peu goûté par ceux qui n'en ont
pas contracté l'habitude dès leur enfance. Le clergé
est fort nombreux à Puebla ; on y voit des couvents
de religieux et de religieuses de tous les ordres.

# XIII



De Puebla à Mexico. — Mexico et la vallée de ce nom.


Le 2 juin, l'armée se mit en marche sur Mexico
que venait d'évacuer le président Juarez. En sortant
de Puebla par la route de la capitale, on voit d'immenses plaines couvertes de moissons riches et
abondantes; le pays est découvert et peu accidenté. Devant nous, se dressent les deux géants de la
cordilière : le Popocatepetl et l'Iztaccihuatl couverts
de neiges éternelles. De magnifiques villages sont
bâtis dans ces campagnes fertiles. On fit étape à Rio-
Prieto (rivière-noire), vaste hacienda toute délabrée
qui sent, comme toutes les constructions importantes
que nous rencontrons, sa prochaine destruction. Sur
la rive droite du Rio Tesmelucan, existait un camp
retranché que les troupes de Comonfort occupèrent
pendant le siége; cette position paraît très-forte. A
droite et à gauche, nous voyons de belles haciendas
au milieu de vastes champs de maïs et de blé ; enfin

après avoir laissé sur notre droite le village indien
de Comoscolate perché sur une hauteur voisine d'un
aquéduc remarquablement construit, nous arrivâmes
au bivouac de San-Martino. Le pueblo est assis dans
une situation charmante au pied des montagnes.
Non loin de nous, se trouve le petit hameau de
San-Juan au pied du volcan, le panorama que
nous avons devant les yeux est des plus enchan-
teurs. La montée devient tout d'un coup rapide; les
cultures sont rares; les montagnes sont couvertes
d'épaisses forêts de sapins; la température est froide,
l'air est beaucoup plus vif; on traverse, sur un pont
lourd de grosse maçonnerie, une profonde *barranca*
dominée par des hauteurs extrêmement boisées. C'est
ici que les brigands ont l'habitude de détrousser les
voyageurs. Nous arrivâmes au bivouac de Rio-Frio
(rivière froide) par un temps couvert qui ne nous
permit de saisir aucun détail du paysage qui
nous sembla fort triste d'ailleurs. Le village est d'un
aspect misérable, qui forme un singulier contraste
avec ce que l'on voit dans la plaine. Le col du Rio-
Frio est à une hauteur d'environ trois mille mètres
au-dessus du niveau de la mer ; un froid vif et pi-
quant y règne toute l'année. C'est le point culminant
des lieux habités de la cordilière. Le point de vue
est séduisant, à quelques lieues plus loin, à la *venta,
de Cordoba,* on voit se dérouler devant soi une immense plaine à perte de vue, plus loin la charmante
petite ville de Chalco qui baigne ses pieds dans un
beau lac auquel elle emprunte son nom. Partout, on

voit des lacs, des champs labourés ou couverts de moissons, ou des jardins couverts de fleurs dans lesquels les familles végétales d'Europe et d'Amérique rivalisent de beauté. Au bord des lacs, semblables aux plus belles nappes d'eau de la Suisse, sont nonchalamment assis des villages et des hameaux, au milieu des ormeaux et des peupliers. Tout ce délicieux paysage éclairé d'un ciel pur tout bleu, de ce beau bleu azur foncé qui appartient à l'air sec et raréfié des hauteurs terrestres. On bivouaqua à la *venta* de *buena vista* (belle vue). De ce point jusqu'à Mexico, on traverse une infinité de villages dont la physionomie est, à peu de chose près, la même que celle des pueblitos que nous avons déjà décrits. Les populations se portaient en masse sur notre passage, nous témoignant leur joie par toutes sortes de démonstrations. On brûla force fusées, avec accompagnement obligé des cloches que l'on agitait à toute volée.

Enfin, le 7 juin, nous aperçûmes les premières maisons du faubourg de Mexico, où nous entrions quelques heures après, ayant à notre tête le général Bazaine.

Mexico signifie en langue indienne : fontaine ou source, et il y a, à la vérité, autour de la capitale tant de sources que ce nom semble lui convenir. Vers l'an 1160, les Aztèques, quittant leur patrie Aztlan, pays situé au Nord du golfe de Californie, cherchèrent une autre contrée où ils pussent jouir plus aisément de la vie. Ils se dirigèrent vers le Sud ; parvenus sur le plateau d'Anahuac, ils résolurent de s'y établir ;

mais, inquiétés constamment par les tribus qui y étaient établies avant eux, ils changèrent sans cesse de contrée et finirent par se réfugier à Chapultépec d'où ils vinrent s'établir à Acolco, groupe d'îles situé à l'extrémité méridionale du lac de Texcoco. Là, ils virent, sur un nopal qui poussait entre les fentes d'un rocher, un aigle de haute taille et d'une grande beauté, les ailes déployées, dévorant un serpent. Cet évènement, selon les prédictions et croyances populaires, indiquait le lieu où devait être bâtie leur ville. Elle fût en effet construite en l'an 1325, et elle reçut le nom de : Ténochtitlan qui, selon les interprètes, signifie : nopal sur une pierre. Mais les traditions mexicaines assurent que le nom de Mexico fut donné à leur ville à cause d'un de leurs principaux dieux qui avait deux noms : *Huitzilopotzli* et Mexitli ; ce dernier nom signifiait feuille de Maguey.

En 1521, la ville fut prise et détruite de fond en comble par les Espagnols pendant un siége de trois mois ; quatre ans après, Cortez avait élevé sur ses ruines une nouvelle cité plus belle et plus régulière, bien que moins étendue.

Depuis la conquête, cette capitale faillit plusieurs fois être engloutie dans les eaux des lacs débordés ; mais de 1629 à 1634, elle resta inondée pendant cinq années consécutives ; on parcourait les rues en canot ; une infinité de maisons s'écroulèrent, la misère fut au comble.

En entrant dans Mexico, l'aspect de la ville est aussi gracieux que celui des campagnes que

l'on vient de parcourir ; de grandes et belles rues,
garnies de trottoirs et s'étendant à perte de vue, an-
noncent tout de suite que l'on entre dans une grande
capitale. Les maisons, hautes et bien bâties avec
balcons dorés, décorées extérieurement de peintures à fresques et surmontées de terrasses couvertes de
vases de fleurs, ou, pour mieux dire, de véritables
jardins, donnent à Mexico un caractère particulier.
Le goût des fleurs est universel en ce pays; créoles,
indiens, tous se livrent à cette douce passion ; les
boutiques, les provisions que l'on apporte aux marchés, les têtes des dames, tout est couvert de fleurs.

La ville avait un aspect gai, animé qui faisait
oublier qu'elle venait de traverser quarante années
de révolutions.

Il y a, à Mexico, beaucoup d'étrangers, Américains
du Nord, Anglais, Allemands, Espagnols, Français
qui ont contribué au progrès de cette ville dans les
arts, les sciences, le commerce et l'industrie.

La grande place (Plaza Mayor) est une des plus
vastes et des plus belles qui soient au monde. Une
des façades est occupée par la cathédrale, magnifique
édifice qui était autrefois extrêmement riche ; avant
la révolution on y voyait deux belles statues de la
Vierge, en or massif. Ce beau temple est plus vaste
que celui de Puebla, mais il est moins régulier dans
les formes et les détails d'ornementation et d'architecture intérieures. On évaluait à plusieurs millions
la valeur des vases sacrés et bijoux que renfermait
cette splendide cathédrale. Les deux statues dont

nous avons parlé étaient estimées à elles seules plus de trois milions, à cause des nombreux diamants dont elles étaient enrichies. Sur une des façades de la place, on remarque l'immense palais du président de la république. Il contient, outre les appartements du chef de l'état, les bureaux des divers ministères et ceux de la secrétairerie de l'état, une prison et l'imprimerie du gouvernement. Il y a, à Mexico, un hôtel des monnaies, d'où sont sorties des quantités prodigieuses d'or et d'argent monnayés ; on compte que la monnaie de Mexico a frappé, en trois siècles, pour huit à neuf milliards d'espèces sonnantes, qui ont été exportées aux quatre coins du globe.

Le Colysée est insuffisant pour les représentations théâtrales qui y sont données ; le théâtre national est d'un bon goût qui ne laisse rien à désirer ; il est fort beau et très-vaste.

Les promenades sont fort belles et bien entretenues. L'Alameda est un lieu fort agréable ; elle passe pour la promenade la plus belle de toute l'Amérique.

Les marchés sont remarquables, surtout par l'abondance des produits qu'on y apporte ; fruits variés, légumes, fleurs et denrées de toute espèce s'y vendent à des prix modérés.

Les marchandises d'Europe sont vendues fort cher dans des magasins qu'on nomme cacones ; les modes de Paris s'y trouvent presqu'aussitôt qu'en France.

La capitale du Mexique est en réalité une belle ville, mais elle est assez mal entretenue.

On y remarque des musées fort riches: celui de

l'hôtel de l'université contient une belle collection d'histoire naturelle et quantité d'antiquités mexicaines, hiéroglyphes manuscrits, armes, idoles aztèques, etc. On voit, au cabinet d'histoire naturelle du collége des mines, une magnifique collection zoologique et une autre collection de sujets de géologie fort complète, qu'on a disposée d'après le rang de formation des roches qui la composent.

Les bibliothèques publiques ou privées sont nombreuses ; elles possèdent des ouvrages bien choisis; on voit, dit-on, en Amérique, peu de collections aussi riches en livres et instruments pour l'étude des sciences.

Le collége des mines est établi dans un édifice fort beau, d'une brillante construction. Il fut construit en même temps que la belle statue équestre de Charles IV, qui embellit une des places de la capitale. L'école militaire était située au château de Chapultépec à quatre kilomètres ouest de la ville; on y formait, Dieu sait comment, les officiers de toutes armes, pour l'armée nationale active.

Parmi les nombreux hôpitaux de la capitale, celui de Jésus de Nazareth fut fondé par Fernand Cortez; on a déposé dans la chapelle de cet établissement les cendres du conquérant.

L'hôtel d'Iturbide appelé maison de l'empereur, se distingue par l'élégance de sa construction ; c'est un bel édifice fort bien entretenu; il fut construit par le malheureux monarque qui paya de sa tête l'honneur d'avoir créé un empire sur le sol mexi-

22.

cain, que le souffle de la révolution ruinait déjà.

La ville de Mexico, étant bâtie au fond d'une vallée près des lacs de Texcuco et de Chalco, a été, nous l'avons dit, constamment exposée à des inondations qu'on a essayé d'éviter par des entreprises gigantesques ; le plus important de ces travaux hydrauliques est le Desagüe de Huehuetoca.

Les lacs de la vallée de Mexico forment quatre grandes nappes d'eau principales : Texcuco, San-cristobal, Zumpango et Chalco ; toutes ces eaux se déversent dans le lac de Chalco qui se trouve plus élevé d'un mètre que le niveau de la ville de Mexico.

De cette situation résulte nécessairement l'écoulement de toutes les eaux de la vallée vers le lac de Chalco qui reçoit dans son lit la surabondance de tous les autres lacs grossis, à certaines époques, soit par les pluies, soit par le dégel des montagnes de la chaîne circulaire du plateau.

Pour obvier à cet inconvénient, on exécuta plusieurs travaux tendant à éviter l'accroissement continuel des eaux des lacs ; d'autres essais eurent pour but le déversement non interrompu de ces eaux, et finalement on construisit des digues pour arrêter les débordements qui avaient menacé la capitale. Les digues furent construites sur plusieurs points, mais on reconnut bientôt leur insuffisance. La célèbre digue de San-Lazaro fut construite par les Aztèques sous le règne de Montezuma Ier, elle fut rebâtie par le vice-roi Velasquez. Il existe plusieurs travaux de ce genre au Nord et au Sud ; toutes ces digues et chaussées ont des écluses qui s'ouvrent pour remplir les lacs, et pour empêcher que, dans les crûes subites, les eaux ne rompent les digues en causant les ravages que l'on veut éviter. Les ouvrages qui aident au déversement des eaux sont : le canal de Huehuétoca qui donne issue au rio de Cuahutitlan; celui de Tula et le canal de Desagüe général.

Les admirables travaux de ce canal sont un des monuments les plus surprenants du génie de l'homme qu'aient laissés les anciens mexicains. Depuis Huehuétoca jusqu'au lieu nommé : el Gavillero, il a huit kilomètres de développements ; il est creusé à ciel ouvert ; sa plus grande profondeur est de soixante mètres et sa largeur de cent dix ; ces immenses dimensions sont suffisantes à peine pour recevoir toutes les eaux de la vallée.

Si, au moyen de tous les travaux hydrauliques que nous venons de mentionner, on n'est pas complètement parvenu à préserver la ville de la terrible plaie des inondations, on l'a toutefois diminuée, car malgré des années très-pluvieuses, ces moyens ont suffi.

En l'année 1772, d'après Humboldt, il tomba une telle abondance de pluies que toute la vallée fut couverte ; des édifices s'écroulèrent et le canal de de Huehuétoca donna un libre passage à cette immense quantité d'eau. Le 24 septembre 1851, les eaux montèrent dans certaines rues, envahissant les habitations. Les habitants étaient dans la consternation, mais l'écoulement par le canal de Huehuétoca préserva la ville d'une inondation formidable. Ces crises considérables se succèdent à des intervalles réguliers de vingt-cinq ans. Il est indispensable qu'on achève les travaux du Desagüe général de la vallée. Outre les dangers qui menacent sans cesse cette capitale, il convient, dans l'intérêt des habitants, qu'on détourne les eaux d'une façon complète pour empêcher, au temps des grandes pluies, l'inondation des rues qui convertit cette belle cité en un bourbier dégoûtant et malsain. Il en résultera une foule d'avantages qui indemniseront largement l'état de tous les sacrifices qu'il fera pour venir à bout d'une entreprise qui sera sa gloire en même temps que le bonheur du pays.

Les montagnes qui forment la vallée de Mexico, la séparent du district de Tula par le Nord, de l'Etat de Puebla par l'Est, du district de Cuernavaca par le Sud et de la vallée de Toluca par l'Ouest. Sa plus grande étendue, en ligne droite du Sud au Nord, est de dix-huit lieues, et de l'Est à l'Ouest, de douze lieues.

Un des points les plus beaux et les plus pittoresques que possède le Mexique est sans contredit la vallée de Mexico, tant à cause de son étendue et de sa configuration qu'à cause des belles montagnes qui la forment. On voit s'élever, au dessus de la chaîne principale, le mont Popocatepetl, qui signifie en indien : montagne qui fume; *Popocani* fumée; *Tépetl* montagne. Son sommet, élevé de 5,495 mètres, est couvert de neiges éternelles. Il est situé au Sud-Est de la vallée. De son cratère on extrait le soufre, divers sels et un acide dont les propriétés sont étudiées en ce moment par une commission scientifique. A une petite distance du Popocatepetl, dans la direction Nord-Ouest, se présente une autre masse imposante : l'Iztaccihuatl, qui se joignant au Popocatepetl, sépare la grande plaine de Puebla de la vallée de Mexico. Sur cette majestueuse montagne on aperçoit de remarquables cascades qui en font un point très-pittoresque. Iztaccihuatl veut dire en indien : *femme blanche*, à cause de la configuration de sa crête qui ressemble à une femme étendue et recouverte d'un linceul.

Un site bien intéressant à visiter est le *cerro* de Chapultépec, situé à une lieue vers l'ouest de la capitale, au milieu d'une forêt de splendides sapins d'une hauteur prodigieuse. En haut du cerro, D. Mathieu de Galvez, vice-roi du Mexique, fit bâtir le magnifique château qui s'y trouve ; on a, depuis environ trente ans, transformé en école militaire cette belle résidence des anciens vice-rois. De ce point, on est ravi d'admiration à la contemplation des beaux paysages que l'œil découvre ; d'un autre côté ce sont de magnifiques haciendas, et les jolis villages qui bordent le lac de Saint-Cosme ; de l'autre, la perspective la plus grandiose et la plus imposante que puisse offrir la nature ; vers l'Est les deux géants de la cordilière, et, dans le lointain, la capitale qui montre ses élégantes tours et les riches coupoles de ses nombreuses églises.

On remarque bien, par ci par là, dans la vallée, quelques points monotones, comme par exemple la plaine du *Salado*, située à peu de distance, vers le nord de Mexico; mais ce sont des exceptions, car, en général, cette vallée est gaie et possède des sites ravissants. De belles forêts couvrent ses montagnes; de nombreuses chaussées, se croisant dans tous les sens et principalement dans la partie occidentale, où elles sont bordées d'arbres, de fleurs et d'une abondante végétation, mettent en relations continuelles toutes les villes et hameaux des environs de Mexico. Enfin ses lacs et son beau ciel, qui est toujours pur, donnent à la vallée de Mexico un cachet unique au monde.

L'absorption atmosphérique, tant dans la capitale que dans la vallée, est d'une force qui paraît incroyable. La sécheresse de l'atmosphère fait de coutume baisser à 15° l'hygromètre de Delue et à 42° celui de Saussure.

On est porté à croire que toute la vallée de Mexico n'est autre chose que l'énorme cratère d'un ancien volcan, recouvert par une convulsion terrestre de date postérieure. Bien que ces contrées soient sans cesse exposées à des tremblements de terre, on ne se rappelle pas qu'ils y aient jamais causé de grands dégâts; d'ailleurs ces phénomènes deviennent de plus en plus rares.

Le général Forey, dont l'arrivée était annoncée pour le 10 juin, fit en effet son entrée triomphale dans Mexico ce même jour, à la tête de l'armée franco-mexicaine.

Une foule immense encombrait les rues, depuis la *garita* jusque sur la Plaza-Mayor et à l'entrée de la cathédrale dont toutes les cloches étaient agitées à grande volée. Les habitants avaient orné leurs fenêtres et la façade de leurs maisons de riches tentures. Le peuple, dans la rue, lançait des milliers de fusées en signe d'allégresse. Partout, on ne voyait que fleurs, couronnes, guirlandes, tentures de soie, drapeaux de nations amies, arcs de triomphe, inscriptions glorieuses. Toute la population était dehors, se remuant, s'agitant comme en un beau jour de fête; plus de cent mille mexicains de toutes classes avaient envahi les clochers, les terrasses, les galeries des églises, les balcons et les portiques des maisons, remplissant les rues et les places de la ville pour voir l'entrée et le défilé de l'armée alliée.

L'enthousiasme paraissait porté à sa dernière limite, et cependant plusieurs d'entre nous, qui avions eu maintes occasions d'apprécier le caractère de la nation mexicaine à sa juste valeur, nous nous demandâmes si toutes ces démonstrations étaient bien sincères !

# TABLE DES MATIÈRES

FIN DE LA TABLE

Abbeville. — Imprimerie P. Briez